古典文獻研究輯刊

三五編

潘美月・杜潔祥 主編

第 25 冊

黑水城漢文佛教文獻研究
——以定名、目錄為中心（下）

樓曉尉 著

國家圖書館出版品預行編目資料

黑水城漢文佛教文獻研究——以定名、目錄為中心（下）／樓曉尉 著 -- 初版 -- 新北市：花木蘭文化事業有限公司，2022〔民111〕

目 4+186 面；19×26 公分

（古典文獻研究輯刊 三五編；第 25 冊）

ISBN 978-626-344-127-9（精裝）

1.CST：佛教 2.CST：文獻 3.CST：研究考訂 4.CST：西夏

011.08   111010312

ISBN-978-626-344-127-9

古典文獻研究輯刊
三五編　第二五冊　　　　　　ISBN：978-626-344-127-9

黑水城漢文佛教文獻研究
——以定名、目錄為中心（下）

作　　者　樓曉尉
主　　編　潘美月、杜潔祥
總 編 輯　杜潔祥
副總編輯　楊嘉樂
編輯主任　許郁翎
編　　輯　張雅淋、潘玟靜、劉子瑄　美術編輯　陳逸婷
出　　版　花木蘭文化事業有限公司
發 行 人　高小娟
聯絡地址　235 新北市中和區中安街七二號十三樓
　　　　　電話：02-2923-1455／傳真：02-2923-1452
網　　址　http://www.huamulan.tw 信箱 service@huamulans.com
印　　刷　普羅文化出版廣告事業
初　　版　2022 年 9 月
定　　價　三五編 39 冊（精裝）新台幣 98,000 元

黑水城漢文佛教文獻研究
——以定名、目錄為中心（下）

樓曉尉　著

目

次

黑水城漢文佛教文獻分類目錄（初編）

1. 經及經疏部

1.1　小乘經部

1.1.1　阿含部

長阿含經第一分遊行經殘片 Дх.9746	俄敦 14
長阿含經第一分遊行經殘片 Дх.9796	俄敦 14
長阿含經第一分典尊經第三 Ф317A	俄黑 6
長阿含經第二分弊宿經第三 Дх.11576.3	俄敦 15
長阿含經第四分世記經閻浮提州品第一殘片／ 《經律異相》卷二四〈金輪王王化方法三〉Дх.3249	俄敦 10
佛說長阿含經第四分世記經阿須倫品第六 TK274	俄黑 4
長阿含經卷第二十等雜寫 TK274V	俄黑 4
中阿含經題簽〔註1〕TK278.1	俄黑 4
中阿含經王相應品說本經第二 TK309	俄黑 5
中阿含經心品心經殘片 Дх11576.4	俄敦 15
雜阿含經卷第三十四題簽 TK273	俄黑 4
雜阿含經卷第四十三殘片 Дх7867	俄敦 13
增壹阿含經包首 TK265	俄黑 4

〔註1〕圖版為「中阿含經卷第■十五」，而第四冊目錄題名作「中阿含經卷第二十五題簽」。

增壹阿含經利養品第十三 Φ123A　　　　　　　　　　俄黑 6

增壹阿含經結禁品第四十六 Φ204A　　　　　　　　　俄黑 6

增壹阿含經善惡品第四十七殘片 Дx.7927　　　　　　俄敦 13

增壹阿含經善惡品第四十七殘片 Дx.7929　　　　　　俄敦 13

佛說業報差別經 TK137.1　　　　　　　　　　　　　俄黑 3

1.1.2　小乘經餘部

禪秘要法經殘頁△M1‧1418〔F80：W1〕　　　　　中黑 8

正法念處經觀天品之二十二〔註2〕TK310A　　　　　俄黑 5

正法念處經觀天品之二十二殘頁 TK310BV〔註3〕　　俄黑 5

佛說無常經〔註4〕TK137.2　　　　　　　　　　　　俄黑 3

佛說無常經〔註5〕TK323.1　　　　　　　　　　　　俄黑 5

佛說護淨經 TK326.4〔註6〕　　　　　　　　　　　　俄黑 5

賢愚經 TK326.3　　　　　　　　　　　　　　　　　俄黑 5

1.2　大乘經部

1.2.1　般若部

大般若波羅蜜多經卷第一百卅八題簽 TK317　　　　俄黑 5

大般若波羅蜜多經卷第一百四十八殘片 Дx11576 1.　俄敦 15

〔註 2〕《分類目錄‧佛教》依大正藏入經集部，然此經於《眾經目錄》（法經錄、彥
　　　琮錄、靜泰錄）、《大唐內典錄》、《開元錄》、《貞元錄》、《閱藏知津》皆入小
　　　乘經。
　　　《大正藏》新增經集部、本緣部，由於《大正藏》設置經部類目時，打破原
　　　有漢文大藏經部類設置，使大、小乘經中無法歸入阿含部、般若部、法華部、
　　　華嚴部、寶積部、涅槃部、大集部、密教部，皆收入此。呂澂先生謂：「籠統
　　　蕪雜，本不足為法」。（《新編漢文大藏經目錄》，濟南：齊魯書社，1981 年，
　　　第 11 頁）

〔註 3〕《分類目錄‧佛教》失收。原題名「佛經」，經宗舜法師考證。（《〈俄藏黑水
　　　城文獻〉漢文佛教文獻擬題考辨》，《敦煌研究》2001 年 1 期，第 89 頁）

〔註 4〕《分類目錄‧佛教》入疑似部。《大正藏》將此經入經集部、疑似部，其中疑
　　　似部為 S.153。經比對二經無異，不知何故分入二部。然，根有律（《根本說
　　　一切有部毘奈耶》、《根本說一切有部毘奈耶雜事》、《根本薩婆多律攝》）可見
　　　比丘誦《無常經》（三啟經）之文句，且經錄亦入此經於小乘經。

〔註 5〕尾題有「依法藏疏刊正」。（俄黑 5，第 86 頁）

〔註 6〕《分類目錄‧佛教》失收。

大般若波羅蜜多經卷第一百九十二 Ф229 Ф241　　　　俄黑 6

大般若波羅蜜多經卷二六三難信解品殘片 Дх11577　　俄敦 15

大般若波羅蜜多經卷第四百七十五 TK279　　　　俄黑 4

大般若波羅蜜多經卷第四百八十二殘片 Дх7899　　　俄敦 14

大般若波羅蜜多經第四百五／四百八十二殘片〔註7〕Дх8119　　俄敦 14

大般若波羅蜜多經卷第一九五／二百一殘片 Дх8122　　俄敦 14

大般若波羅蜜多經第十／四百五／四百八十二殘片〔註8〕　　俄敦 14
Дх.8591Дх.8596

大般若波羅蜜多經卷第四百八十二殘片 Дх.8595　　　俄敦 14

大般若波羅蜜多經 N°599.—KK. II.0238（k）／Or.8212.0849　　（正面）
馬刊黑

金剛般若波羅蜜經殘片△M1・1251［84H・F116：W400／1572］　中黑 7

金剛般若波羅蜜經△M1・1429［F13：W51］　　　　中黑 8

金剛般若波羅蜜經殘頁△M1・1430［83H・F13：W52／0403］　中黑 8

金剛般若波羅蜜經殘頁△M1・1431［83H・F13：W53／0404］　中黑 8

金剛般若波羅蜜經殘頁△M1・1432［F19：W9］　　　中黑 8

金剛般若波羅蜜經殘頁△M1・1433［F19：W10］　　　中黑 8

金剛般若波羅蜜經殘頁 M1・1435［F15：W1］　　　　中黑 8／
李刊黑

金剛般若波羅蜜經殘片△M1・1470［F6：W74］　　　中黑 8

金剛般若波羅蜜經殘片 TK161V　　　　　　　　　俄黑 4

金剛般若波羅蜜經殘片 TK178V　　　　　　　　　俄黑 4

金剛般若波羅蜜經卷一殘片☆xix4.12-3-1　　　　　國圖黑

金剛般若波羅蜜經 TK14　　　　　　　　　　　　俄黑 1

金剛般若波羅蜜經 TK16　　　　　　　　　　　　俄黑 1

〔註7〕馬振穎、鄭炳林定名時未附卷數，今檢原件，所存「□……□時彼彼佛／□……
□曰堪忍佛／□……□滿善逝世」，可見於《大般若波羅蜜多經》卷第四百五、
卷第四百八十二，今僅存此數字，無從判定究竟屬於何卷，故將此二卷數並
列於題名後。

〔註8〕馬振穎、鄭炳林定名時未附卷數，今檢原件，所存「□……□往堪忍／□……
□聽般若」，可見於《大般若波羅蜜多經》卷第十、卷第四百五、卷四百八十
二，今僅存此數字，無從判定究竟屬於何卷，故將之三卷數並列於題名後。

金剛般若波羅蜜經 TK17	俄黑 1
金剛般若波羅蜜經 TK18	俄黑 1
金剛般若波羅蜜經 TK20	俄黑 1
金剛般若波羅蜜經 TK26	俄黑 2
金剛般若波羅蜜經 TK27	俄黑 2
金剛般若波羅蜜經 TK28	俄黑 2
金剛般若波羅蜜經 TK29	俄黑 2
金剛般若波羅蜜經 TK30	俄黑 2
金剛般若波羅蜜經〔註9〕TK39.1	俄黑 2
金剛般若波羅蜜經 TK42	俄黑 2
金剛般若波羅蜜經 TK44	俄黑 2
金剛般若波羅蜜經 TK45	俄黑 2
金剛般若波羅蜜經 TK46	俄黑 2
金剛般若波羅蜜經 TK48	俄黑 2
金剛般若波羅蜜經 TK49	俄黑 2
金剛般若波羅蜜經 TK52	俄黑 2
金剛般若波羅蜜經 TK54	俄黑 2
金剛般若波羅蜜經 TK57	俄黑 2
金剛般若波羅蜜經 TK101	俄黑 2
金剛般若波羅蜜經 TK104	俄黑 2
金剛般若波羅蜜經 TK106	俄黑 3
金剛般若波羅蜜經 TK112	俄黑 3
金剛般若波羅蜜經 TK115	俄黑 3
金剛般若波羅蜜經 TK124	俄黑 3
金剛般若波羅蜜經 TK125	俄黑 3

〔註 9〕《分類目錄・佛教》將般若無盡藏真言 TK39.2（俄黑 2），補闕真言 TK39.3
（俄黑 2）單獨著錄於密教部下（第 78 頁），但並未將金剛經科儀中淨口業
真言、安土地真言、普供真言單獨著錄，況且如上咒語構成了完整的金剛經
科儀修法，實無單獨著錄的必要。
俄藏黑城本《金剛經》中，現存科儀文的佛教文書包括 TK14、TK16、TK17、
TK18、TK26、TK39、TK44、TK45、TK46、TK48、TK49、TK52、TK54、
TK57、TK115、TK124、TK179、TK180。

金剛般若波羅蜜經 TK178	俄黑 4
金剛般若波羅蜜經 TK179	俄黑 4
金剛般若波羅蜜經 TK180	俄黑 4
金剛般若波羅蜜經 TK181	俄黑 4
金剛般若波羅蜜經 TK182	俄黑 4
金剛般若波羅蜜經 A20V17	俄黑 5
金剛般若波羅蜜經 Дх.3176	俄敦 10
金剛般若波羅蜜經殘頁 Дх.11571	俄敦 15
般若波羅蜜多經 N°578.—KK.II.0290（t）.（1-4）／Or.8212.0828	馬刊黑
金剛般若波羅蜜多經 N°579.—KK.II.0290（t）／Or.8212.0829	馬刊黑
金剛般若波羅蜜多經 N°580.—KK.II.0258（u）／Or.8212.0830	馬刊黑
金剛般若波羅蜜多經 N°581.—KK.II.0269（i）／Or.8212.0831	馬刊黑
金剛般若波羅蜜多經 N°582.—KK.II.0233（zzz）.（i et ii）.／Or.8212.0832	馬刊黑
金剛般若波羅蜜多經 N°583.—KK.II.0239（zz）／Or.8212.0833	馬刊黑
金剛般若波羅蜜多經 N°587.—KK.III.016（a）（i-iv）／Or.8212.0837	馬刊黑
金剛般若波羅蜜多經 N°588.—KK.III.022（u）（1），（2）.（y）／Or.8212.0838	馬刊黑
金剛般若波羅蜜多經 N°589.—KK.III.023（a）（i, ii, iii）.（iv）／Or.8212.0839	馬刊黑
金剛般若波羅蜜多經 N°590.—KK.III.022（t）／Or.8212.0840	馬刊黑
金剛般若波羅蜜多經 N°591.—KK.III.020（u et v¹）／Or.8212.0841	馬刊黑
金剛般若波羅蜜多經 N°592.—KK.III.020（v）／Or.8212.0842	馬刊黑
金剛般若波羅蜜多經 N°593.—KK.III.021（rr）et 024（x¹）／Or.8212.0843	馬刊黑
金剛般若波羅蜜多經 N°594.—KK.III.024（x², x³, x⁴, x⁵）／Or.8212.0844	馬刊黑
金剛般若波羅蜜多經 Or.8212.1202 kkI0231dd	郭刊黑
金剛般若波羅蜜經 Or.12380.3733（K.K.II.0281.a.xxiv）	北民大黑 5
金剛般若波羅蜜經殘片 Or.12380.3824（K.K.）	北民大黑 5

金剛般若波羅蜜經殘片 Or.12380.3824V（K.K.）	北民大黑 5
金剛經無為福勝分第十一 Or.12380.3834（K.K.）	北民大黑 5
金剛經 Or.12380.3831.5（K.K.）	北民大黑 5
金剛經 Or.12380.3831.6（K.K.）	北民大黑 5
金剛經等〔註10〕TK63B	俄黑 2
金剛經 TK64V	俄黑 2
仁王護國般若波羅蜜多經卷上 TK141	俄黑 3
仁王護國般若波羅蜜多經奉持品第七 TK307	俄黑 5
佛說般若波羅蜜多心經 TK21.2	俄黑 2
佛說般若波羅蜜多心經 TK25.1〔註11〕	俄黑 2
佛說般若波羅蜜多心經 TK189	俄黑 4
般若波羅蜜多心經 TK144	俄黑 3
唐梵般若心經 A20.3	俄黑 5
佛說聖母般若波羅蜜多心經 TK128.1〔註12〕	俄黑 3
金剛般若經疏論纂要下殘頁△M3・0014［AE184 Zhi23］	中黑 8
金剛般若經抄第五 TK149	俄黑 3
摩訶般若波羅蜜多心經注 TK116	俄黑 3
夾頌心經一卷 TK158	俄黑 4
夾頌心經一卷 TK159	俄黑 4
大般若關殘片 Дх.10462	俄敦 14

1.2.2 法華部

妙法蓮華經卷第一 TK1	俄黑 1
妙法蓮華經方便品第二偈語 TK41.2	俄黑 2
妙法蓮華經卷第二 TK2	俄黑 1
妙法蓮華經卷第二 TK15	俄黑 1
妙法蓮華經信解品第四 TK157	俄黑 3

〔註10〕「等」，指此片另存三行西夏文十二字。（俄黑 2，第 66 頁）
〔註11〕從經卷行款、字形與 TK21、TK22、TK23、TK24 相同，此種卷子包括佛說大乘無量壽決定光明王如來陀羅尼經、般若波羅蜜多心經、功德山陀羅尼及施印題記。
〔註12〕《分類目錄・佛教》又重入「西夏新譯佛經」。

妙法蓮華經卷第三 TK3　　　　　　　　　　　　俄黑 1

妙法蓮華經卷第三 B54　　　　　　　　　　　　俄黑 6

妙法蓮華經卷第三 B55　　　　　　　　　　　　俄黑 6

妙法蓮華經卷第三題簽 B57AV〔註 13〕　　　　俄黑 6

妙法蓮華經化城喻品 Or.12380.3831.4（K.K.）　　北民大黑 5

妙法蓮華經譬喻品第三殘片△M1・1473〔F245：W9〕　　中黑 8／
　　　　　　　　　　　　　　　　　　　　　　李刊黑

妙法蓮華經卷第四 TK4　　　　　　　　　　　　俄黑 1

妙法蓮華經卷第四 A27　　　　　　　　　　　　俄黑 5

妙法蓮華經授學無學人記品第九 TK188　　　　　俄黑 4

妙法蓮法經提婆達多品第十二 B57B　　　　　　俄黑 6

妙法蓮法經安樂行品第十四 TK325　　　　　　　俄黑 5

妙法蓮華經卷第五 TK9　　　　　　　　　　　　俄黑 1

妙法蓮華經卷第五 B56　　　　　　　　　　　　俄黑 6

妙法蓮華經卷第六 TK10　　　　　　　　　　　　俄黑 1

妙法蓮華經藥王菩薩本事品第二十三 TK321.4　　俄黑 5

妙法蓮華經藥王菩薩本事品第二十三 TK322.5　　俄黑 5

妙法蓮華經卷第七 TK11　　　　　　　　　　　　俄黑 1

妙法蓮華經觀世音菩薩普門品殘頁 M1・1379〔F13：W4〕　　中黑 8／
　　　　　　　　　　　　　　　　　　　　　　李刊黑

妙法蓮華經觀世音菩薩普門品第二十五殘片☆xix4.12-3-4　　國圖黑

妙法蓮華經觀世音菩薩普門品第二十五 TK90　　俄黑 2

妙法蓮華經觀世音菩薩普門品第二十五 TK105 TK113　　俄黑 2

妙法蓮華經觀世音菩薩普門品第二十五 TK138　　俄黑 3

妙法蓮華經觀世音菩薩普門品第二十五 TK154　　俄黑 3

妙法蓮華經觀世音菩薩普門品第二十五 TK155　　俄黑 3

妙法蓮華經觀世音菩薩普門品第二十五 TK156　　俄黑 3

妙法蓮華經觀世音菩薩普門品第二十五 TK167　　俄黑 4

妙法蓮華經觀世音菩薩普門品第二十五 TK168　　俄黑 4

〔註 13〕《分類目錄・佛教》未收。

妙法蓮華經觀世音菩薩普門品第二十五 TK169　　　　俄黑 4

妙法蓮華經觀世音菩薩普門品第二十五 TK170　　　　俄黑 4

妙法蓮華經觀世音菩薩普門品第二十五 TK175　　　　俄黑 4

妙法蓮華經觀世音菩薩普門品第二十五 TK177　　　　俄黑 4

妙法蓮華經觀世音菩薩普門品第二十五　Or.12380.0320iRV　北民大黑 1
（K.K.II.0285）

妙法蓮華經觀世音菩薩普門品第二十五　Or.12380.0320j　北民大黑 1
（K.K.II.0285）〔註 14〕

妙法蓮華經觀世音菩薩普門品 Or.12380.3490（K.K.）　　北民大黑 4

妙法蓮華經觀世音菩薩普門品 Or.12380.3829（K.K.）　　北民大黑 5

妙法蓮華經觀世音菩薩普門品 Or.12380.3831.3（K.K.）　北民大黑 5

妙法蓮華經普賢菩薩勸發品第二十八 TK196　　　　俄黑 4

妙法蓮華經 N°572.－KK.II.0276（hhh）／Or.8212.0822　馬刊黑

妙法蓮華經 N°573.－KK.I.ii.02（y）／Or.8212.0823　　馬刊黑

添品妙法蓮華經卷六殘頁△M1・1428［F13：W48］　　中黑

（添品）妙法蓮華經序品殘片 Or.12380.3822（K.K.）　　北民大

（添品）妙法蓮華經隨喜功德品殘片△M1・1467［F13：W46］　中黑 8

（添品）妙法蓮華經見寶塔品殘片△M1・1401［F79：W22］　中黑 8

（添品）妙法蓮華經觀世音菩薩普門品殘片 Or.8212.1314KK.　郭錄黑／
III.021.ss（ii-iii）　　　　　　　　　　　　　　　　　沙刊黑 2

（添品）妙法蓮華經觀世音菩薩普門品殘　Or.12380.0080bRV　北民大黑 1
（K.K.II.0283）

（添品）妙法蓮華經觀世音菩薩普門品殘片 Or.12380.0080cRV　北民大黑 1
（K.K.II.0283）

（添品）妙法蓮華經觀世音菩薩普門品殘片　Or.12380.3703　北民大黑 4
（K.K.II.0281.a.i）

〔註 14〕此號定名為《妙法蓮華經觀世音菩薩普門品》，實際《添品妙法蓮華經觀世音
　　　　菩薩普門品》亦有相同內容。又，本件內容雖屬《妙法蓮華經觀世音菩薩普
　　　　門品》，但所存六行經文，第一至三行「□……□無盡□……□，□……□威
　　　　神力多□……□，□……□心念若有□……□」與第四至五行「□……□是
　　　　功德以種□……□□□……□故汝等□……□」，從本品經文而論，相距數十
　　　　行，且從抄卷行款而論，二者皆不可能在同頁上，或許此號為〈觀世音菩薩
　　　　普門品〉之節錄本。

添品妙法蓮華經 N°574.—KK.II.0297（cc）／Or.8212.0824　　　馬刊黑

添品妙法蓮華經 N°575.—KK.III.026（a）／Or.8212.0825　　　馬刊黑

添品妙法蓮華經 N°576.—KK.III.020（s）／Or.8212.0826　　　馬刊黑

添品妙法蓮華經 N°577.—KK.III.020（r）／Or.8212.0827　　　馬刊黑

佛說觀世音經〔註15〕TK92　　　　　　　　　　　　　　　俄黑 2

佛說觀世音經 TK171　　　　　　　　　　　　　　　　　俄黑 4

1.2.3　華嚴部

大方廣佛華嚴經殘頁〔註16〕△M1・1385［F13：W6］　　　中黑 8

大方廣佛華嚴經 N°595.—KK.II.0249（k）／Or.8212.0845　　馬刊黑

大方廣佛華嚴經 N°596.—KK.II.0258（t）／Or.8212.0846　　馬刊黑

大方廣佛華嚴經 N°597.—KK.II.029（uu）／Or.8212.0847　　馬刊黑

大方廣佛華嚴經 N°598.—KK.II.0245（m）／Or.8212.0848　　馬刊黑

大方廣佛華嚴經 N°607.—KK.II.0280（b）.（iii）／Or.8212.0855　馬刊黑

大方廣佛花嚴經卷第四十 TK88　　　　　　　　　　　　　俄黑 2

大方廣佛花嚴經〔註17〕B62　　　　　　　　　　　　　　俄黑 6

大方廣佛花嚴經十無盡藏品殘片△M1・1415［F20：W4］　　中黑 8

大方廣佛華嚴經華藏世界品第五之二 TK261　　　　　　　　俄黑 4

大方廣佛華嚴經梵行品 TK185　　　　　　　　　　　　　　俄黑 4

大方廣佛華嚴經梵行品 TK246　　　　　　　　　　　　　　俄黑 4

大方廣佛華嚴經梵行品第十六 TK256　　　　　　　　　　　俄黑 4

大方廣佛華嚴經梵行品第十六 A20V2　　　　　　　　　　　俄黑 5

大方廣佛華嚴經梵行品 Or.12380.0599（K.K.）　　　　　　北民大黑 1

大方廣佛華嚴經梵行品殘片 Or.12380.3827（K.K.）　　　　北民大黑 5

大方廣佛華嚴經入不思議解脫境界普賢行願品殘片 M1・1373　中黑 8／
　　［F218：W1］　　　　　　　　　　　　　　　　　　李刊黑

〔註15〕 本經實從《妙法蓮華經觀世音菩薩普門品》抄錄而成，非譯經，故排列於《妙
　　　　法蓮華經觀世音菩薩普門品》後。

〔註16〕 本件存「十方寶聚寶冠」，可見於實叉難陀譯本卷六十八〈入法界品〉和般若
　　　　譯本卷十七〈入不思議解脫境界普賢行願品〉。

〔註17〕 此件寫本有天冊金輪聖神皇帝製「大周新譯大方廣佛花嚴經序」（殘）。又，
　　　　寫卷有誤寫，如「譬如地性一」，誤作「譬如他性一」。又，本件為散頁，包
　　　　括問明品、入不思議解脫境界普賢行願品、及迴向文。

大方廣佛華嚴經入不思議解脫境界普賢行願品 M1·1403〔F9：W20-1〕〔註18〕	中黑 8／李刊黑
大方廣佛華嚴經入不思議解脫境界普賢行願品 M1·1404〔F9：W20-2〕	中黑 8／李刊黑
大方廣佛華嚴經入不思議解脫境界普賢行願品 M1·1405〔F9：W20-3〕	中黑 8／李刊黑
大方廣佛華嚴經入不思議解脫境界普賢行願品 M1·1406〔F9：W20-4〕	中黑 8／李刊黑
大方廣佛華嚴經入不思議解脫境界普賢行願品 M1·1407〔F9：W20-5〕	中黑 8／李刊黑
大方廣佛華嚴經入不思議解脫境界普賢行願品 M1·1408〔F9：W20-6〕	中黑 8／李刊黑
大方廣佛華嚴經入不思議解脫境界普賢行願品殘片△M1·1461〔F13：W27〕	中黑 8
大方廣佛華嚴經入不思議解脫境界普賢行願品 TK61	俄黑 2
大方廣佛華嚴經入不思議解脫境界普賢行願品 TK63A	俄黑 2
大方廣佛華嚴經入不思議解脫境界普賢行願品 TK63AV	俄黑 2
大方廣佛華嚴經入不思議解脫境界普賢行願品 TK64	俄黑 2
大方廣佛華嚴經入不思議解脫境界普賢行願品 TK65	俄黑 2
大方廣佛華嚴經入不思議解脫境界普賢行願品 TK69	俄黑 2
大方廣佛華嚴經入不思議解脫境界普賢行願品 TK71	俄黑 2
大方廣佛華嚴經入不思議解脫境界普賢行願品 TK72	俄黑 2
大方廣佛華嚴經入不思議解脫境界普賢行願品 TK73	俄黑 2
大方廣佛華嚴經入不思議解脫境界普賢行願品 TK98	俄黑 2
大方廣佛華嚴經入不思議解脫境界普賢行願品 TK99	俄黑 2
大方廣佛華嚴經入不思議解脫境界普賢行願品 TK100	俄黑 2
大方廣佛華嚴經入不思議解脫境界普賢行願品 TK142.2	俄黑 3
大方廣佛華嚴經入不思議解脫境界普賢行願品 TK146	俄黑 3
大方廣佛華嚴經入不思議解脫境界普賢行願品 TK147	俄黑 3
大方廣佛華嚴經入不思議解脫境界普賢行願品 TK161	俄黑 4
大方廣佛華嚴經入不思議解脫境界普賢行願品 TK243	俄黑 4

〔註18〕李刊黑作 F9：W20 一個號，中黑分作六個分解號。

大方廣佛華嚴經入不思議解脫境界普賢行願品 TK258	俄黑 4
大方廣佛華嚴經入不思議解脫境界普賢行願品 TK296V5	俄黑 4
大方廣佛華嚴經入不思議解脫境界普賢行願品 Инв.No. 951A〔註 19〕	俄黑 6
大方廣佛華嚴經入不思議解脫境界普賢行願品 Or.12380.2735（X.xvii）	北民大黑 3
大方廣佛華嚴經普賢行願品 Or.12380.3831.1（K.K.）	北民大黑 5
大方廣佛華嚴經普賢行願品 Or.12380.3831.2（K.K.）	北民大黑 5
大方廣佛華嚴經佛不思議法品殘片△M1・1463［F62：W1］	中黑 8
大方廣佛華嚴經佛不思議法品殘片△M1・1465［F62：W6］	中黑 8
大方廣佛華嚴經佛不思議法品殘片 TK275V	俄黑 4
大方廣佛華嚴經入法界品殘片 Or.12380.3132（K.K.II.0266.q）	北民大黑 4
大方廣佛華嚴經光明覺品第九殘頁 M1・1414［F14：W13］	中黑 8／李刊黑
大方廣佛華嚴經十無盡藏品殘頁△M1・1417［F20：W68］	中黑 8
大方廣佛華嚴經卷十二殘頁 Дх.11573	俄敦 15
大方廣佛華嚴經普賢行願品疏序 TK142.1	俄黑 3
華嚴經疏鈔玄談（大方廣佛華嚴經演義鈔）殘片△M3・0012［AE185 Zhi24］	中黑 8

1.2.4　寶積部

佛說三十五佛名經（勘同大寶積經優波離會第二十四）TK140 Дх.1336	俄黑 3
佛說三十五佛名經（勘同大寶積經優波離會第二十四）TK245〔註 20〕	俄黑 4
佛說三十五佛名經 Or.12380.3840（K.K.）	俄黑 4
佛說阿彌陀經〔註 21〕TK108	俄黑 3

〔註 19〕《分類目錄・佛教》中，Инв..No.951A 入於兩個類目，一者華嚴部，二者未定名佛經。且《俄藏黑水城文獻敘錄》Инв..No.951A 條下，亦稱此件為大方廣佛華嚴經入不思議解脫境界普賢行願品。本件由宗舜法師考證定名。(《〈俄藏黑水城文獻〉漢文佛教文獻擬題考辨》，《敦煌研究》2001 年 1 期，第 90～91 頁）

〔註 20〕TK140、Дх.1336、TK245，《分類目錄・佛教》又重入「西夏新譯佛經」。

〔註 21〕《分類目錄・佛教》將《阿彌陀經》入經集部，誤。

佛說阿彌陀經 TK109	俄黑 3
佛說阿彌陀經 TK110〔註22〕	俄黑 3
佛說阿彌陀經 TK111	俄黑 3
佛說阿彌陀經 TK176	俄黑 4
阿彌陀經 N°601.—KK.III.022（s）／Or.8212.0851	馬刊黑
阿彌陀經 N°602.—KK.III.022（r）／Or.8212.0852	馬刊黑
觀無量壽經甘露疏 N°600.—KK.II.0281(a).(xl)／Or.8212.0850	馬刊黑
觀無量壽佛經甘露疏科文 TK148	俄黑 3

1.2.5　涅槃部

大般涅槃經迦葉菩薩品殘片 Дx.9241	俄敦 14
大般涅槃經迦葉菩薩品殘片 Дx.9225	俄敦 14

1.2.6　大集部（無）

1.2.7　大乘經餘部

佛說菩薩本行經 TK326.2	俄黑 5
佛名經 TK48P	俄黑 2
佛名經 Инв.No.1366D	俄黑 6
佛說觀彌勒菩薩上兜率天經殘頁△M1・1464［F21：W2］	中黑 8
觀彌勒菩薩上生兜率天經 TK58	俄黑 2
觀彌勒菩薩上生兜率天經 TK60	俄黑 2
觀彌勒菩薩上生兜率天經 TK81 TK82 TK83	俄黑 2
觀彌勒菩薩上生兜率天經 TK86	俄黑 2
觀彌勒菩薩上生兜率天經 TK87	俄黑 2
觀彌勒菩薩上生兜率天經 TK17P1	俄黑 1
佛說觀彌勒菩薩上生兜率天經殘片 Дx.6306	俄敦 13
佛說觀彌勒菩薩上生兜率天經殘片 Дx.6307	俄敦 13
佛說觀彌勒菩薩上生兜率天經殘片 Дx.6308	俄敦 13
佛說觀彌勒菩薩上生兜率天經殘片 Дx.6309	俄敦 13

〔註22〕《分類目錄・佛教》誤作 TK110.1。

佛說觀彌勒菩薩上生兜率天經殘片 Дx.6310	俄敦 13
佛說觀彌勒菩薩上生兜率天經殘片 Дx.6311	俄敦 13
佛說觀彌勒菩薩上生兜率天經殘片 Дx.6313	俄敦 13
佛說觀彌勒菩薩上生兜率天經殘片 Дx.6314	俄敦 13
佛說觀彌勒菩薩上生兜率天經殘片 Дx.6318	俄敦 13
佛說觀彌勒菩薩上生兜率天經殘片 Дx.6319	俄敦 13
觀彌勒菩薩上生兜率天經殘卷 Дx.11578	俄敦 15
佛說觀彌勒菩薩上生兜率天經殘片 Or.12380.3554（K.K.）	北民大黑 4
佛說轉女身經一卷 TK8	俄黑 1
佛說轉女身經一卷 TK12	俄黑 1
佛說轉女身經一卷 TK13	俄黑 1
金光明最勝王經序品殘片〔註23〕△M1·1468 [F13：W44]	中黑 8
金光明最勝王經如來壽量品第二 Or.12380.3507V（K.K.II.0228.n）	北民大黑 4
金光明最勝王經如來壽量品殘頁 Дx.18990 正面	俄敦 17
金光明最勝王經善生王品第二十一殘頁〔註24〕Ф335	俄黑 6
金光明最勝王經善生王品第二十一 Дx1447	俄黑 6
金光明最勝王經諸天藥叉護持品第二十二殘頁〔註25〕M1·1434 [F13：W49]	中黑 8／李刊黑
深密解脫經聖者文殊師利法王子菩薩問品殘片 Дx.9963	俄敦 14
圓覺疏抄隨文要解殘頁 M1·1409 [F13：W17-1]	中黑 8／李刊黑
圓覺疏抄隨文要解殘頁 M1·1410 [F13：W17-2]	中黑 8／李刊黑
圓覺疏抄隨文要解殘頁 M1·1411 [F13：W17-3]	中黑 8／李刊黑

〔註23〕原題「佛經殘頁」，經彭海濤重定名「《金光明最勝王經》殘片」，今為詳之，增品名。

〔註24〕原題「供養偈」，經宗舜法師重定名。(《〈俄藏黑水城文獻〉漢文佛教文獻擬題考辨》，第91頁)《俄藏黑水城文獻敘錄》亦承宗舜之說，而《分類目錄·佛教》將此號同時入「經集部」、「禮頌俗講部」。

〔註25〕原題僅作「金光明最勝王經卷第九殘頁」，今為詳之，增品名。

圓覺疏抄隨文要解殘頁 M1・1413［F13：W17-5］	中黑 8／ 李刊黑
圓覺疏抄隨文要解殘頁（疑）F9：W42	李刊黑
大方廣圓覺修多羅了義經略疏卷上二 TK251	俄黑 4
大方廣圓覺修多羅了義經略疏、十子歌 TK303	俄黑 5
大方便佛報恩經對治品第三殘片 Or.12380-0505a（K.K.）	北民大黑 1

1.2.8 疑偽經部

佛說天地八陽神咒經 TK152	俄黑 3
天地八陽神咒經殘片 Or.8212.1302（1）KK.III.020.w	郭刊黑／ 沙刊黑 2
天地八陽神咒經殘片 Or.8212.1302（2）KK.III.020.w（i）	郭刊黑／ 沙刊黑 2
天地八陽神咒經殘片 Or.8212.1330（25）正 KK.III.025.n	郭刊黑／ 沙刊黑 2
佛說天地八陽神咒經殘片 Or.12380.3921.2-6（K.K.）	北民大黑 5
佛說父母恩重經 TK120	俄黑 3
佛說父母恩重經 TK139	俄黑 3
佛說父母恩重經 TK240	俄黑 4
佛說報父母恩重經 TK119	俄黑 3
佛說高王觀世音經 TK70	俄黑 2
高王觀世音經 TK117	俄黑 3
高王觀世音經 TK118	俄黑 3
高王觀世音經 TK183	俄黑 4
佛說聖大乘三歸依經〔註 26〕TK121	俄黑 3
佛說聖大乘三歸依經 TK122	俄黑 3
佛說聖大乘三歸依經殘片 Or.12380-3498（k.k.II.0282.b.iii）	北民大黑 4
佛說聖大乘三歸依經之御製發願文殘片 Or.12380-2736（k.k.）	北民大黑 3
佛說延壽命經 TK257	俄黑 4

〔註 26〕TK121、TK122，《分類目錄・佛教》又重入「西夏新譯佛經」。

延壽命經 TK296V4 　　　　　　　　　　　　　　俄黑 4

佛說壽生經 A32.5〔註 27〕 　　　　　　　　　　俄黑 5

聖大乘勝意菩薩經〔註 28〕TK145 　　　　　　　俄黑 3

佛說竺蘭陀心文經 Φ337 　　　　　　　　　　　俄黑 6

2. 律及律疏部

2.1　小乘律部

摩訶僧祇律卷第十五題簽 TK278.2 　　　　　　　俄黑 4

四分律行事集要顯用記卷第四 TK150.2〔註 29〕 　俄黑 3

四分律七佛略說戒偈 TK142.3 　　　　　　　　　俄黑 3

2.2　大乘律部

梵網經殘片 Or.12380.2719（K.K.） 　　　　　　北民大黑 3

3. 論及論疏部

3.1　小乘論部

3.1.1　毘曇部

俱舍論本頌分別定品殘片 M1・1416［F20：W2］△ 　　中黑 8

阿毗達磨俱舍論釋論殘片 Дх.2876 　　　　　　　俄敦 10

阿毗達磨俱舍論釋論殘片 Дх.4076（2-1） 　　　　俄敦 11

3.1.2　大乘論部

3.1.2.1　釋經論部

大智度論薩陀波崙品殘片 Or.8212.1339 　　　　　郭刊黑

〔註 27〕《分類目錄・佛教》未收 A32.6 延壽真言，或許此咒原本附於經卷末，未予
　　　　單列。

〔註 28〕TK145，《分類目錄・佛教》由重入「西夏新譯佛經」。

〔註 29〕第三冊目錄僅記 TK150，而圖版分作 TK150.1 習字和 TK150.2 四分律行事集
　　　　要顯用記卷第四。

〔註30〕《分類目錄・佛教》失收。

〔註31〕《俄藏黑水城文獻敘錄》Инв.1366C 下，雖稱「據蘇州戒幢佛學研究所宗舜
　　　　研究，文出摩訶衍論卷七」。（第 62 頁），但其後《分類目錄・佛教》並未更
　　　　正，仍以「佛經論釋」作文獻題名。

4. 密教部

4.1 密典部（續部）

大乘佛頂如來密因修證了義諸菩薩萬行首楞嚴經卷第十 A20V11	俄黑 5
佛說守護大千國土經殘片△M1・1477［F209：W11］	俄黑 5
佛說大白傘蓋總持陀羅尼經〔註32〕M1・1354［F9：W38］	中黑 8／李刊黑
佛說大白傘蓋總持陀羅尼經 M1・1355［F13：W15-1］	中黑 8／李刊黑
佛說大白傘蓋總持陀羅尼經 M1・1356［F13：W15-2］	中黑 8／李刊黑
佛說大白傘蓋總持陀羅尼經 M1・1357［F13：W15-3］	中黑 8／李刊黑
佛說大白傘蓋總持陀羅尼經 M1・1358［F13：W15-4］	中黑 8／李刊黑
佛說大白傘蓋總持陀羅尼經 M1・1359［F13：W15-5］	中黑 8／李刊黑
佛說大白傘蓋總持陀羅尼經 M1・1360《F13：W15-6》	中黑 8／李刊黑
佛說大白傘蓋總持陀羅尼經 M1・1361［F13：W15-7］	中黑 8／李刊黑
佛說大白傘蓋總持陀羅尼經 M1・1362［F13：W15-8］	中黑 8／李刊黑
佛說大白傘蓋總持陀羅尼經 M1・1363［F13：W15-9］	中黑 8／李刊黑
佛說大白傘蓋總持陀羅尼經 M1・1364［F13：W15-10］〔註33〕	中黑 8／李刊黑
佛說大白傘蓋總持陀羅尼經 M1・1365［F13：W15-11］〔註34〕	中黑 8／李刊黑
佛說大白傘蓋總持陀羅尼經殘頁 M1・1381［F209：W9］	中黑 8／李刊黑
佛說大白傘蓋總持陀羅尼經殘片△M1・1393［F13：W8］	中黑 8
佛說大白傘蓋總持陀羅尼經殘頁△M1・1394［F209：W8］	中黑 8
佛說大白傘蓋總持陀羅尼經殘頁△M1・1395［F209：W10］	中黑 8
佛說大白傘蓋總持陀羅尼經殘頁△M1・1396［F209：W12］	中黑 8

〔註32〕《中國藏黑水城漢文文獻》原題作「佛說大白傘蓋總持陀羅經」，脫「尼」，今據經名改定。又此件經文稍異與《大正藏》本，「施食棄在於淨處」，衍「在」；咒語「西怛怛鉢嘚哩吽發怛哦捺沒末哩渴渴渴兮渴兮」，《大正藏》本作「席曭怛末嘚哩吽發（怛）哦擔末哩渴渴渴兮渴兮」。

〔註33〕此件咒語用字異與《大正藏》本，「末嘚哩」，本件作「鉢嘚哩」。

〔註34〕F13：W15，《中國藏黑水城漢文文獻》原題作「佛說大白傘蓋總持陀羅經」，脫「尼」，今據經名改定。又，F13：W15～11 咒語用字異與《大正藏》本，如「薩捺葛囉」、「麻麻渴屹囉」，本件分別作「薩捺割囉」、「麻麻訶屹囉」。

佛說大白傘蓋總持陀羅尼經殘頁△M1‧1397［F210：W12］　中黑 8

佛說大白傘蓋總持陀羅尼經殘片△M1‧1462　　　　　　　中黑 8／李刊黑
　　　［F13：W16-1］

佛說大白傘蓋總持陀羅尼經殘片△M1‧1471　　　　　　　中黑 8／李刊黑
　　　［F13：W16-2］

佛說大白傘蓋總持陀羅尼經殘片 F9：W36▲　　　　　　　李刊黑

千眼千臂觀世音菩薩陀羅尼經神咒經卷上殘頁 M1‧1436　中黑 8／李刊黑
　　　［F197：W4a］

千眼千臂觀世音菩薩陀羅尼經神咒經卷上殘頁 M1‧1437　中黑 8／李刊黑
　　　［F197：W4b］

佛母大孔雀明王經殘頁△M1‧1438［F73：W1］　　　　　中黑 8

佛母大孔雀明王經殘頁△M1‧1439［F73：W2］　　　　　中黑 8

佛母大孔雀明王經殘頁△M1‧1440［F73：W3］　　　　　中黑 8

佛母大孔雀明王經殘頁△M1‧1441［F73：W4］　　　　　中黑 8

佛母大孔雀明王經殘頁△M1‧1442［F73：W5］　　　　　中黑 8

佛母大孔雀明王經殘頁△M1‧1443［F73：W6］　　　　　中黑 8

佛母大孔雀明王經殘頁△M1‧1446［F73：W7］　　　　　中黑 8

佛母大孔雀明王經殘頁△M1‧1447［F73：W8］　　　　　中黑 8

佛母大孔雀明王經殘頁△M1‧1445［F73：W9］　　　　　中黑 8

佛母大孔雀明王經殘頁△M1‧1444［F73：W10］　　　　　中黑 8

佛母大孔雀明王經殘頁△M1‧1448［F73：W11］　　　　　中黑 8

佛母大孔雀明王經卷下 TK306　　　　　　　　　　　　　俄黑 5

大孔雀明王經 Or.12380.3830.a1（K.K.）　　　　　　　北民大黑 5

大孔雀明王經 Or.12380.3830.02（K.K.）　　　　　　　北民大黑 5

大孔雀明王經 Or.12380.3830.03（K.K.）　　　　　　　北民大黑 5

大孔雀明王經 Or.12380.3830.04（K.K.）缺〔註 35〕　　北民大黑 5

大孔雀明王經 Or.12380.3830.05（K.K.）缺　　　　　　北民大黑 5

大孔雀明王經 Or.12380.3830.06（K.K.）缺　　　　　　北民大黑 5

大孔雀明王經 Or.12380.3830.07（K.K.）缺　　　　　　北民大黑 5

〔註35〕雖〈敘錄〉（第 63 頁）中記有 3830.04（K.K.）至 Or.12380.3830.15，然《英
　　　藏黑水城文獻》第 5 冊僅收錄 3830.a1（K.K.）至 3830.03（K.K.）三號（第
　　　141～143 頁）。

大孔雀明王經 Or.12380.3830.10（K.K.）缺	北民大黑 5
大孔雀明王經 Or.12380.3830.11（K.K.）缺	北民大黑 5
大孔雀明王經 Or.12380.3830.12（K.K.）缺	北民大黑 5
大孔雀明王經 Or.12380.3830.13（K.K.）缺	北民大黑 5
大孔雀明王經 Or.12380.3830.14（K.K.）缺	北民大黑 5
大孔雀明王經 Or.12380.3830.15（K.K.）缺	北民大黑 5
佛頂放無垢光一切如來心陀羅尼經 TK102.1	俄黑 2
聖妙吉祥真實名經 TK184	俄黑 4
聖妙吉祥真實名經 M1・1450［F5：W13］	中黑 8／李刊黑
佛說大乘聖無量壽決定光明王如來陀羅尼經殘頁△M1・1449［F13：W36］	中黑 8
佛說大乘無量壽決定光明王如來陀羅尼經 TK76	俄黑 2
佛說大乘無量壽決定光明王如來陀羅尼經 TK21.1	俄黑 2
佛說大乘無量壽決定光明王如來陀羅尼經 TK22	俄黑 2
佛說大乘無量壽決定光明王如來陀羅尼經 TK23	俄黑 2
佛說大乘無量壽決定光明王如來陀羅尼經 TK24	俄黑 2
佛說大乘聖無量壽決定光明王如來陀羅尼經殘片 Дx.11504	俄敦 15
佛說聖無量壽王并多心經 N°606.—KK.II.0233（rrr）／Or.8212.0854〔註36〕	馬刊黑
佛說大乘聖無量壽決定光明王如來陀羅尼經殘片 Or.12380.0610（K.K.II.0230.aa）	北民大黑 1
佛說大乘聖無量壽決定光明王如來陀羅尼經殘片 Or.12380.0686（K.K.）	北民大黑 1
佛說大乘聖無量壽決定光明王如來陀羅尼經 Or.12380.2722（K.K.）	北民大黑 3
佛說大乘聖無量壽決定光明王如來陀羅尼經 Or.12380.2725（K.K.）	北民大黑 3

〔註36〕馬伯樂書中於題名後，注同《大正藏》第 19 冊，No.937，即《大乘聖無量壽決定光明王如來陀羅尼經》。另，題名中「并多心經」，并，合也，說明此件包含《般若波羅蜜多心經》，然馬伯樂並未於題名予以說明，僅說明「佛說聖無量壽王」所對應經名。（Les documents chinois de la troisième expédition de Sir Aurel Stein en Asie Centrale, p.231.）

佛說金輪佛頂大威德熾盛光如來陀羅尼經殘頁 M1・1456　中黑8／李刊黑
　〔F13：W28-1〕

佛說金輪佛頂大威德熾盛光如來陀羅尼經殘頁 M1・1457　中黑8／李刊黑
　〔F13：W28-3〕

佛說金輪佛頂大威德熾盛光如來陀羅尼經殘頁 M1・1458　中黑8／李刊黑
　〔F13：W28-2〕

佛說金輪佛頂大威德熾盛光如來陀羅尼經殘頁△M1・　中黑8
　1459〔F9：W41〕

佛說金輪佛頂大威德熾盛光如來陀羅尼經 TK129　俄黑3

佛說金輪佛頂大威德熾盛光如來陀羅尼經 TK130　俄黑3

佛說金輪佛頂大威德熾盛光如來陀羅尼經 TK131　俄黑3

佛頂尊勝陀羅尼經 TK294　俄黑4

佛頂尊勝陀羅尼經 A9.2　俄黑5

勝相頂尊總持功能依經錄 TK164.3　俄黑4

勝相頂尊總持功能依經錄 TK165.2〔註37〕　俄黑4

佛頂心陀羅尼經殘片△M1・1469〔F197：W14B〕　中黑8

佛頂心觀世音菩薩大陀羅尼卷上 TK174.1　俄黑4

佛頂心觀世音菩薩救難神驗經卷下 TK174.2　俄黑4

聖觀自在大悲心總持功能依經錄 TK164.2　俄黑4

聖觀自在大悲心總持功能依經錄 TK165.1〔註38〕　俄黑4

聖六字增壽大明陀羅尼經 TK135　俄黑3

佛說普遍光明焰鬘清淨熾盛思惟如意寶印心無能勝總持　俄黑2
大明王大隨求陀羅尼 TK103

佛說普遍光明焰鬘清淨熾盛思惟如意寶印心無能勝總持　俄黑3
大明王大隨求陀羅尼 TK107

4.2　咒語部

無量壽如來根本陀羅尼 TK207　俄黑4

一切如來心陀羅尼 A20.2　俄黑5

大隨求陀羅尼 A20.1　俄黑5

大隨求陀羅尼 Инв. No.4270　俄黑6

〔註37〕TK164.3、TK165.2，《分類目錄・佛教》又重入「西夏新譯佛經」。
〔註38〕TK164.2、TK165.1，《分類目錄・佛教》又重入「西夏新譯佛經」。

大隨求陀羅尼 N°603.—KK.II.0261（r et s）／Or.8212.0853　　馬刊黑

大威德熾盛光消災吉祥陀羅尼 Дx.1390　　俄黑 6

大佛頂白傘蓋心咒 TK137.3　　俄黑 3

觀自在菩薩六字大明心咒 TK102.2　　俄黑 2

六字大明王功德略 TK136　　俄黑 3

聖六字太明王心咒〔註39〕TK137.4　　俄黑 3

千手千眼觀世音菩薩廣大圓滿無礙大悲心陀羅尼 TK123　　俄黑 3

大黑根本命咒 TK262.2　　俄黑 4

大黑長咒 M1・1353〔F191：W103E〕　　中黑 8／李刊黑

梵文種子字 TK164V　　俄黑 4

四天母咒語殘片 Or.8212.1211 kkII0299tt　　郭刊黑

四天母咒語殘片 Or.8212. 1269 KK 無原編號　　郭刊黑

不空成就如來真言、無量壽如來真言等咒語殘片　　北民大黑 5
Or.12380.3921.1（k.k.）

陀羅尼雜集佛說呪土經殘片 Or.8212.1326 KK.III.025（i）　　郭錄黑／
沙刊黑 2

延壽真言 A32.6　　俄黑 5

漢文咒語殘片 M1・1412〔F13：W17-4〕　　中黑 8

漢文陀羅尼 Or.12380.0627（K.K.）　　北民大黑 1

漢文陀羅尼 Or.12380.2350（K.K.II.0279.ww）　　北民大黑 3

漢文梵文陀羅尼 Or.12380.3500（K.K.II.0293.a）　　北民大黑 4

梵文陀羅尼曼陀羅殘片〔註40〕Or.8212／818 K.K.II.0292　　沙刊黑 1
（j）背

密教咒語 A3　　俄黑 5

〔註39〕原卷題作「聖六字太明王心咒」，「太」誤。卷中「唵麻祢鉢口能二合銘吽」，
　　　　常作六字大明咒，袾宏《修設瑜伽集要施食壇儀》亦載此咒，「唵摩抳鉢訥詺
　　　　（二合）吽」（《卍續藏》第 104 冊，第 882 頁中。），法藏《修習瑜伽集要施
　　　　食壇儀》音作，「唵牟尼叭𠴚吽」，並云：「六字大明王，功勳不可量，現前清
　　　　淨眾，異口共宣揚。」（《卍續藏》第 104 冊，第 897 頁上）TK102.2《觀自在
　　　　菩薩六字大明心咒》，亦可為證，故應校改作「大」。
〔註40〕按：Or.8212／818 K.K.II.0292（j），原題「元印本具注曆殘頁」，背面存「五
　　　　斗」二字。（第 1 冊，第 316 頁）據內容重定名作「天城體梵文陀羅尼曼陀
　　　　羅」殘片。原圖具四層，第一、二、四層為密教法器（十字金剛杵）和裝飾
　　　　性圖案，第三層為咒文，共四層文字。筆者將另撰《英藏黑水城「城體梵文
　　　　陀羅尼曼陀羅」殘片釋讀》以詳細解讀此片文獻。

4.3　修持部

吉祥大黑修法 M1・1349〔F191：W103A〕	中黑 8／李刊黑
大黑求修並作法〔註41〕B59	俄黑 6
慈烏大黑要門〔註42〕A7	俄黑 5
智尊大黑天八道贊 M1・1350〔F191：W103B〕	中黑 8／李刊黑
吉祥大黑八足贊 M1・1351〔F191：W103C〕	中黑 8／李刊黑
大黑讚 TK262.4	俄黑 4
十方護神讚〔註43〕M1・1352〔F191：W103D〕	中黑 8／李刊黑
無量壽如來念誦修觀行儀軌 B2.2	俄黑 6
佛眼母儀軌 A13	俄黑 5
求佛眼母儀軌 A5.2	俄黑 5
文殊智禪定 TK292	俄黑 4
文殊菩薩修行儀軌 TK75	俄黑 2
金剛亥母集輪供養次第錄 A14	俄黑 5
金剛亥母略施食儀 Инв. No.274.1	俄黑 6
金剛亥母自攝授要門 Инв. No.274.2	俄黑 6
金剛修習母究竟儀 Инв. No.274.3	俄黑 6
□壽定儀 Инв. No.274.4	俄黑 6
金剛修習母攝授瓶儀 Инв. No.274.5〔註44〕	俄黑 6
金剛亥母禪定 A19	俄黑 5
金剛亥母修習儀 Ф249、Ф327	俄黑 6

〔註41〕沈衛榮認為此件「修摩訶葛剌的儀軌文書」。(《序說有關西夏、元代所傳藏傳密法之漢文文獻》，第 177 頁)

〔註42〕沈衛榮認為此件「為修大黑天摩訶割羅之儀軌，相應的藏文標題當為 Nag po chen po bya rog can gyi sgrub thabs。」(《序說有關西夏、元代所傳藏傳密法之漢文文獻》，第 176 頁)

〔註43〕原題作「十方護神贊」，今據原卷改定。原卷有「馬曷葛粹」一語，梵文對音作 Mahākāla，即大黑天，此是藏傳佛教重要護法神。

〔註44〕《分類目錄・佛教》，Инв.274.3～5 失收。

金剛亥母修法殘片 Or.8212.1270 K.K.II.0282.b（ii）　　　郭刊黑／
　　　　　　　　　　　　　　　　　　　　　　　　　　　　　沙刊黑 2

四字空行母記文卷上〔註45〕TK329　　　　　　　　　　　俄黑 5

上樂金剛修法法本〔註46〕TK74　　　　　　　　　　　　俄黑 2

集輪法事〔註47〕B64.1　　　　　　　　　　　　　　　　俄黑 6

金剛乘八不共犯墮〔註48〕B64.2　　　　　　　　　　　　俄黑 6

八種粗重犯墮 Φ221V Φ228V Φ266V 1〔註49〕　　　　　俄黑 6

常所作儀軌八種不共 Φ221V Φ228V Φ266V 2　　　　　　俄黑 6

金剛亥母成就大手印修習 Дx19050　　　　　　　　　　　俄敦 17

金剛亥母成就大手印修習 Дx19054　　　　　　　　　　　俄敦 17

修習瑜伽集要施食壇儀殘件〔註50〕△M1・1402 [F160：W2]　中黑 8

〔註45〕沈衛榮稱：「按其文中自稱，此為《〔金剛〕亥母耳傳求修劑門》，或曰梵言室哩末曜養機你西底，即‘Srī-vajrayoginīsādhana，華言吉祥修習母求修，相應的藏文當為 dPal rdo rje rnal’ byor ma’ i sgrub thabs。」（《序說有關西夏、元代所傳藏傳密法之漢文文獻——以黑水城所見漢譯藏傳佛教儀軌文書為中心》，第 176～177 頁）另文中，沈衛榮謂本件屬於金剛瑜伽母（亥母）求修儀軌的釋論，並與俄藏黑水城出土西夏文藏傳密教文獻《亥母耳傳記》內容基本一致。（《論西夏佛教之藏傳與顯密圓融》，《中華文史論叢》2020 年第 1 期，第 303～307 頁）

〔註46〕原題「大集編□□□聲頌一本」，經宗舜法師研究，重定名作「上樂金剛修法法本」。（《〈俄藏黑水城文獻〉之漢文佛教文獻續考》，http://www.jcedu.org/dispfile.php?id=5077，2015-09-13。此版為該文之完整版，《敦煌研究》發表版中文中附錄及部份正文內容省略。）沈衛榮先生亦同意宗舜法師之重定名，並稱「推想此文書原本題名為《吉祥上樂中圍供養次第儀》……它與後文將提到的 A14《金剛亥母集輪供養次第錄》、B14《集輪法事》等屬於同一種類的文獻。」（《序說有關西夏、元代所傳藏傳密法之漢文文獻——以黑水城所見漢譯藏傳佛教儀軌文書為中心》，第 175 頁）按：B14《集輪法事》，館藏號誤，應為 B64。

〔註47〕《分類目錄・佛教》，失收。

〔註48〕《分類目錄・佛教》，失收。沈衛榮認為：「它與前述 A14《金剛亥母集輪供養次第錄》為同一系統，講述行者在修習吉祥集輪儀軌時應當去除的八種違犯記句（dam tshig，今譯誓言）的墮罪。」（《序說有關西夏、元代所傳藏傳密法之漢文文獻》，第 178 頁）

〔註49〕Φ.228V、Φ.266V《分類目錄・佛教》，失收。另，《序說有關西夏、元代所傳藏傳密法之漢文文獻》Φ.266V，誤作 Φ.226V（第 165 頁）又，孫伯君認為此屬於藏傳密教「修習本續」儀軌文本。（孫伯君：《黑水城出土西夏文〈八種麁重犯墮〉考釋》，《西夏研究》2016 年第 2 期，第 3～6 頁）

〔註50〕原題名誤作「修習瑜伽集要施食壇經」，今據《大正藏》本改定。另，此件脫「那謨蘇嚕叭耶答塔莴達耶」一句。

多聞天王施食儀〔註51〕Φ234	俄黑 6
多聞天施食儀軌 Φ222	俄敦 4
黑色天母求修次第儀 Φ315	俄黑 6
□修觀行儀軌一卷 TK238	俄黑 4
功德山陀羅尼 TK21.3	俄黑 2
功德山陀羅尼 TK25.2	俄黑 2
供養陀羅尼 A21.5	俄黑 5
陀羅尼 A21V2	俄黑 5
中有身要門 TK327〔註52〕	俄黑 5
九事顯發光明義等〔註53〕TK285	俄黑 4
夢幻身要門 A15	俄黑 5
甘露中流中有身要門 A16	俄黑 5
捨壽要門 A17	俄黑 5
拙火能照無明〔註54〕A18	俄黑 5
吉祥持大輪寶蓮花瓶修習儀軌殘頁 M1‧1374 ［F19：W5-1］	中黑 8／李刊黑
吉祥持大輪寶蓮花瓶修習儀軌殘頁 M1‧1375 ［F19：W5-2］	中黑 8／李刊黑
吉祥持大輪寶蓮花瓶修習儀軌殘頁 M1‧1376 ［F19：W5-3］	中黑 8／李刊黑
密宗修法殘頁 M1‧1378 ［F9：W13］	中黑 8／李刊黑

〔註51〕原題「多聞天陀羅尼儀軌」，經宗舜法師研究，重定名作「多聞天王施食儀」。（《《俄藏黑水城文獻》之漢文佛教文獻續考》，《敦煌研究》2004 年第 5 期，第 93 頁）沈衛榮先生亦同意宗舜法師之重定名（《序說有關西夏、元代所傳藏傳密法之漢文文獻──以黑水城所見漢譯藏傳佛教儀軌文書為中心》，第 178 頁）

〔註52〕《分類目錄‧佛教》又重入「西夏新譯佛經」。

〔註53〕《分類目錄‧佛教》入論疏部，誤。沈衛榮稱此件「與 TK327《中有身要門》、A15《夢幻身要門》、A16《甘露中流中有身要門》、A17《捨壽要門》等同屬一個系列，均為《那諾六法》之修法要門，此文書為修『光明』法要門之殘本。」（《序說有關西夏、元代所傳藏傳密法之漢文文獻──以黑水城所見漢譯藏傳佛教儀軌文書為中心》，第 176 頁）

〔註54〕沈衛榮認為：「《那諾六法》之一『拙火』修法。」（《序說有關西夏、元代所傳藏傳密法之漢文文獻》，第 177 頁）

大持金剛稱贊禮殘頁 M1・1377 ［F13：W2］	中黑 8／ 李刊黑
親集耳傳觀音供養讚嘆〔註55〕Φ311	俄黑 6
密咒圓因往生集錄〔註56〕TK271	俄黑 4
顯密十二因緣慶讚中圍法事儀軌 TK328	俄黑 5
建置曼拏羅真言集 TK153 B60	俄黑 3
本尊禪定〔註57〕A9.4	俄黑 5
吉祥金剛手燒壇儀 A21.3	俄黑 5
修青衣金剛手法事 A21.4	俄黑 5
大乘秘密起發 Φ221V Φ228V Φ266V 3	俄黑 6
金剛劑門 TK287	俄黑 4
持誦聖佛母般若多心經要門 TK128.2	俄黑 3
鐵髮亥頭欲護神求修序〔註58〕TK322.5	俄黑 5
鐵髮亥頭欲護神求修1〔註59〕TK321.1	俄黑 5

〔註55〕《分類目錄・佛教》入「禮頌俗講部」，然此件內容明顯為密教修習相關，如 33～33 有「依佑劑門攝授中集」，劑門，與「要門」同義，乃藏文 man ngag 的意譯，即實修指南，漢文通常譯作「訣竅」「口訣」「教授」等。（沈衛榮：《〈大乘要道密集〉與西夏、元朝所傳西藏密法——〈大乘要道密集〉系列研究導論》，《中華佛學學報》第二十期（2007），第 260 頁）

〔註56〕原題「密咒圓因往生集」，經宗舜法師研究，重定名作「密咒圓因往生集錄」。（《〈俄藏黑水城文獻〉之漢文佛教文獻續考》，《敦煌研究》2004 年第 5 期，第 91 頁）

〔註57〕沈衛榮認為此件是「薩思迦派之求法儀軌」。（《序說有關西夏、元代所傳藏傳密法之漢文文獻——以黑水城所見漢譯藏傳佛教儀軌文書為中心》，第 177 頁）

〔註58〕原題「鐵髮亥頭欲護神求修序等」，此號共五件，經宗舜法師考證，《妙法蓮華經藥王菩薩本事品第二十三》殘片二件，古籍殘片二件。（《〈俄藏黑水城文獻〉漢文佛教文獻擬題考辨》，《敦煌研究》2001 年 1 期，第 90 頁）沈衛榮認為：「此『鐵髮亥頭欲護神』或當為金剛亥母的一種，《鐵髮亥頭欲護神求修》亦有可能即是 TK321 文書之標題。」（《序說有關西夏、元代所傳藏傳密法之漢文文獻——以黑水城所見漢譯藏傳佛教儀軌文書為中心》，第 176 頁）沈氏所言極是，從兩個文本所書字形比對觀之，二者書風甚為相近，書寫以方筆為主，結構、行筆幾近相同，如「神」「門」（獨體字或為形旁）等二本共有字如出一轍，TK322.5 當為從 TK322.1 裂出。唯紙張、墨色因圖錄為黑白照片，難以窺其實貌。

〔註59〕原題「密教儀軌」，經宗舜法師研究，重定名作「鐵髮亥頭欲護神求修」。（《〈俄

藏黑水城文獻〉之漢文佛教文獻續考》,《敦煌研究》2004 年第 5 期,第 92 頁)《俄藏黑水城文獻敘錄》中僅提及 TK321.4 佛經重定名作「《妙法蓮華經‧藥王菩薩本事品第二十三》殘片」。(《俄藏黑水城文獻》第六冊〈附錄‧敘錄〉,第 37 頁)侯浩然認為本號與 A7「慈烏大黑要門」、B59「大黑求修並作法」及藏文長卷 Dx.178 屬於藏傳密教修法和儀軌合集,其中包括多篇涉及密教替身(Skt. liṅga,Tib.ling ga 或 ling gam,漢文音譯「哩俄」「蘭葛」)儀軌文本。(參見《黑水城文獻中發現的藏傳佛教替身儀軌研究》,《中國哲學史》2021 年第 6 期,第 118～128 頁)另可參見沈衛榮對 TK321「欲護法求修」、B59「大黑求修並作法」相關論述。(《論西夏佛教之漢藏與顯密圓融》,《中華文史論叢》2020 年第 1 期,第 293～302 頁)

〔註60〕原題「密教雜咒經」,經宗舜法師研究,重定名作「密教法本殘片」。(《〈俄藏黑水城文獻〉之漢文佛教文獻續考》,《敦煌研究》2004 年第 5 期,第 91 頁)

〔註61〕原題「佛經等」,經宗舜法師研究,重定名作「密教法本殘片」。(《〈俄藏黑水城文獻〉之漢文佛教文獻續考》,《敦煌研究》2004 年第 5 期,第 92 頁)《俄藏黑水城文獻敘錄》中只提及「背有寫本佛經」(第 34 頁),而《分類目錄‧佛教》入未定名佛經。

〔註62〕原題「懺悔文」,經宗舜法師重定名作「密教法本殘片」,而《分類目錄‧佛教》改作「密教儀軌」。

〔註63〕閆成紅稱此件漢文密教儀軌與西夏文 Инв.No.6717、8383、2265 同屬於《極樂淨土求生念定》。(《俄藏 Инв.No.6761 西夏文題記的歸屬──兼及西夏文獻〈極樂淨土求生念定〉的復原》,《西夏研究》2016 年第 2 期,第 28～33 頁)

密教儀軌 Инв. No.272	俄黑 6
無動如來陀羅尼〔註 64〕TK301	俄黑 5
大悲心陀羅尼啟請 Φ229V Φ241V.2〔註 65〕	俄黑 6
禪定施食並神咒 A9.3	俄黑 5
念一切如來百字懺悔劑門儀軌 A5.1	俄黑 5
百字咒懺悔儀 Дx.18999	俄敦 17
百字咒求生淨土蠲業儀 M1・1389［F5：W2］△	中黑 8
大一切成就母永修儀 Φ362A 2.	俄敦 5
師資相錄儀 Φ362A 3.	俄敦 5
曼荼羅 TK262.3	俄黑 4
曼陀羅〔註 66〕A8	俄黑 5
顯密圓通成佛心要集卷上（道殿集）TK270	俄黑 4

5. 佛教宗派

5.1　華嚴宗

注華嚴法界觀門卷上（宗密）TK241	俄黑 4
注華嚴法界觀門卷下 TK242	俄黑 4
華嚴感通靈驗傳記 TK61	俄黑 2
華嚴感通靈驗傳記 TK64	俄黑 2
華嚴感通靈驗傳記 TK65	俄黑 2
華嚴感通靈驗傳記 TK69	俄黑 2
華嚴感通靈驗傳記 TK71V	俄黑 2
華嚴感通靈驗傳記 TK72	俄黑 2
華嚴感通靈驗傳記 TK161	俄黑 4
華嚴感通靈驗傳記刻本殘片 Or.8212.1242 K.K.II. 0244.a.	郭錄黑／ 沙刊黑 2

〔註 64〕《分類目錄・佛教》入「西夏新譯佛經」。

〔註 65〕《分類目錄・佛教》失收。

〔註 66〕慈烏大黑要門（18～15），曼陀羅中央以悉曇體書 hiṃ，亦見於（18～6），並云：「黑戒子念呪加持，作法人心頭自種 hiṃ，出黑色光，從口中出入」。

xxiv〔註 67〕

5.2 禪宗

梁朝傳大士頌金剛經殘片 N°584.─KK.II.0243（cc）.（i²）／Or.8212.0834	馬刊黑
梁朝傳大士頌金剛經殘片 N°585.─KK.II.0243（cc）.（i³）／Or.8212.0835	馬刊黑
梁朝傳大士頌金剛經殘片 N°586.─KK.II.0243（cc）.（i¹）／Or.8212.0836	馬刊黑
梁朝傳大士頌金剛經 TK178V	俄黑 4
景德傳燈錄卷第十一 Φ229V Φ241V.1〔註 68〕	俄黑 6
景德傳燈錄 N°599.─KK.II.0238（k）／Or.8212.0849（反面）	馬刊黑／沙刊黑 1
佛果圜悟禪師碧巖錄 Инв. No.1044	俄黑 6
真州長蘆了和尚劫外錄殘頁 M1・1366〔F19：W12-1〕	中黑 8／李刊黑
真州長蘆了和尚劫外錄殘頁 M1・1367〔F19：W12-2〕	中黑 8／李刊黑
真州長蘆了和尚外劫外錄 TK133	俄黑 3
真州長蘆了和尚外劫外錄 TK64V	俄黑 2
真州長蘆了和尚外劫外錄 TK161V	俄黑 2
注清涼心要（宗密）TK186	俄黑 4
中華傳心地禪門師資承襲圖〔註 69〕TK254	俄黑 4
中華傳心地禪門師資承襲圖〔註 70〕Инв. No.2010	俄黑 6
中華傳心地禪門師資承襲圖殘片☆xix4.12-3-1-2	國圖黑

〔註 67〕郭錄發掘地號 K.K.II.0243（《斯坦因第三次中亞探險所獲甘肅新疆出土漢文文書──未經馬斯伯樂刊佈的部分》，第 216 頁）

〔註 68〕《分類目錄・佛教》失收。

〔註 69〕Инв.No.2010 原題作「禪宗文獻」，實屬《中華傳心地禪門師資承襲圖》。按圖片所顯示，由一疊紙張拍攝而成，而標記 Инв.No.2010「禪宗文獻」，只是其中的一部份。尚存西夏文刻本文獻若干，但其未全部清理，具體情況不知。

〔註 70〕原題「禪宗文獻」，經宗舜法師研究，重定名作「《中華傳心地禪門師資承襲圖》殘片」。（《〈俄藏黑水城文獻〉之漢文佛教文獻續考》，《敦煌研究》2004年第 5 期，第 93 頁）

中華傳心地禪門師資承襲圖殘片☆xix4.12-3-1-3	國圖黑
中華傳心地禪門師資承襲圖殘片☆xix4.12-3-1-5	國圖黑
中華傳心地禪門師資承襲圖殘片（疑似）☆xix4.12-3-1-6	國圖黑
慈覺禪師勸化集 TK132	俄黑 3
佛印禪師心王戰六賊出輪回表 A20V14	俄黑 5
佛印禪師心王戰六賊出輪回表殘片 TK272〔註71〕	俄黑 4
少室六門 TK296V1	俄黑 4
少室六門第一門心經頌殘片 Or.8212.1261 K.K.II.0277.hhh（i）（ii）	郭錄黑／沙刊黑 2
少室六門殘片 Or.12380.0598（K.K.）	北民大黑 1
照心圖一本 A4V	俄黑 5
亡牛偈 A20V15	俄黑 5
究竟一乘圓通心要（通理大师集）A6V4	俄黑 5
無上圓宗性海解脫三制律（通理大师作）〔註72〕A26.2	俄黑 5
通理大師立志銘性海解脫三制律封面 TK134	俄黑 3
立志銘心誡（通理恒策）A26.1	俄黑 5
色財名志詞（恒潤）A26.4	俄黑 5
沙門恒潤啟（恒潤）A26.3	俄黑 5
永嘉正道歌頌 M1·1451 [F19：W1-4]	中黑 8／李刊黑
永嘉正道歌頌 M1·1452 [F19：W1-2]	中黑 8／

〔註71〕原題「佛書殘片」，經宗舜法師考證定名作「《佛印禪師心王戰六賊出輪回表》殘片」。（《〈俄藏黑水城文獻〉之漢文佛教文獻續考》，第 91～92 頁）

〔註72〕《房山石經》中塔下四欲怢《菩薩本行經》卷下附有「現師通理三制律」，此為志恒所刻。參見《房山石經》第 14 冊（遼金刻經），北京：中國佛教文物館，1986 年，第 264 頁；《房山石經題記彙編》，北京：書目文獻出版社，1987年，第 369 頁；陳燕珠：《房山石經中通理大師刻經之研究》，臺北：覺苑出版社，1993 年，第 44～46 頁。

又，《分類目錄·佛教》入「律疏部」。雖題名「無上圓宗性海解脫三制律」，然內容非注疏律文，而是斷財、色、名三毒之對治心法，其近於慧能所述之無相戒，且通理恒策又為禪門行人，故入此。（參見馮國棟、李輝：《〈俄藏黑水城文獻〉中通理大師著作考》，《文獻》2011 年第 3 期，第 167～168 頁）

李刊黑

永嘉正道歌頌 M1・1453［F19：W1-3］　　　　中黑 8／
李刊黑

永嘉正道歌頌 M1・1454［F19：W1-1］　　　　中黑 8／
李刊黑

5.3　其他

說性空之法 Дx.3185　　　　俄黑 6

6. 佛教工具書

6.1　目錄・辭書

大乘入藏錄 Ф221 Ф228 Ф226　　　　俄黑 6

法門名義集 Дx.2823　　　　俄黑 6

6.2　類書

法苑珠林摘抄 Ф181.2　　　　俄敦 4

7. 佛教儀注

廣大發願頌（龍樹菩薩造）TK324　　　　俄黑 5

廣大發願頌殘文 Or.8212／1208［K.K.I.ii.02z］　　　　郭錄黑／沙刊
黑 2

廣大發願頌殘片 Or.12380.2369（K.K.）　　　　北民大黑 3

廣大發願頌 Or.12380.3630（K.K.）　　　　北民大黑 4

廣大發願頌 Or.12380.3878（K.K.）　　　　北民大黑 5

發菩提心要略法門（慈覺禪師集）TK323.2　　　　俄黑 5

禮佛文 TK250〔註 73〕　　　　俄黑 4

禮佛文 TK250V　　　　俄黑 4

〔註 73〕《大正藏》第 85 冊中，所收錄中村不折藏敦煌寫本《禮懺文》內容與本件相
近。

禮佛文〔註74〕Дx.1445	俄黑 6
禮佛儀軌 TK284	俄黑 4
演朝禮一本 A32.1	俄黑 5
七佛供養儀 TK284V	俄黑 4
釋徒智堅轉頌本 M1・1481〔F191：W101-1〕	中黑 8／李刊黑
釋徒智堅轉頌本 M1・1482〔F191：W101-2〕	中黑 8／李刊黑
釋徒智堅轉頌本 M1・1483〔F191：W101-3〕	中黑 8／李刊黑
釋徒智堅轉頌本 M1・1484〔F191：W101-4〕	中黑 8／李刊黑
釋徒智堅轉頌本 M1・1485〔F191：W101-5〕	中黑 8／李刊黑
釋徒智堅轉頌本 M1・1486〔F191：W101-6〕	中黑 8／李刊黑
釋徒吳智善習學皈依頌本 F191：W102▲	李刊黑
八關齋戒儀軌 Or.12380.3627（K.K.）	北民大黑 4
釋迦讚〔註75〕A12.1	俄黑 5
護國三寶偈 A4	俄黑 5
三寶三尊四菩薩讚嘆 A21.6	俄黑 5
西方淨土禮（慈覺大師集）B2.3	俄黑 6
小西方讚 A12.2	俄黑 5
讚佛稱讚慈尊（封面）A8	俄黑 5
三身佛讚（讚佛稱讚慈尊）A8.1	俄黑 5
彌勒菩薩懺儀（讚佛稱讚慈尊）A8.1	俄黑 5
寅朝禮（讚佛稱讚慈尊）A8.2	俄黑 5
三歸依（讚佛稱讚慈尊）A8.4	俄黑 5
五方禮一本（讚佛稱讚慈尊）A8.3	俄黑 5
尊天樂（讚佛稱讚慈尊）A8.5	俄黑 5

〔註74〕TK250、Дx.1445，二者題名皆以內容擬定，名同實異。一者書風，Дx.1445 書
　　　法雋永，而 TK250 用筆拙劣難堪；二者內容，Дx.1445 首行有「大藏經」三
　　　字，隨後抄錄三十五佛（存部份），及彌勒、文殊、普賢、地藏，又有一「南
　　　無大鵝」，不知何意？TK250，抄錄五十三佛、二十五佛，及其他偈頌，又有
　　　祈願者名，如皇帝皇后、太子主王福延等。
〔註75〕此件甚為奇怪，雖尾題「釋迦讚畢」，然內容未見與釋迦佛相關的讚偈，卻與
　　　阿彌陀佛相關。

四菩薩（讚佛稱讚慈尊）A8.6	俄黑 5
大獻樂啟請並真言（讚佛稱讚慈尊）A8.7	俄黑 5
光定八年請濱（賓）頭盧尊者疏 A8V1	俄黑 5
開啟文（讚佛稱讚慈尊）A8V2	俄黑 5
彌勒讚　歸依偈 A8V4	俄黑 5
云何梵（讚佛稱讚慈尊）〔註76〕A8V5	俄黑 5
彌勒菩薩懺儀 Or.12380.3823（K.K.）	北民大黑 5
往生淨土偈 TK323.3	俄黑 5
往生極樂偈 B2.1	俄黑 6
請忍偈 X21	俄黑 6
供養偈 A6V1	俄黑 5
慈悲道場懺法卷一殘頁〔註77〕△M1・1398［F209：W5］	中黑 8
慈悲道場懺法卷二 M1・1419［F245：W6-2］	中黑 8／李刊黑
慈悲道場懺法卷二 M1・1420［F245：W6-1］	中黑 8／李刊黑
慈悲道場懺法卷二殘片 TK296	俄黑 4
慈悲道場懺法卷二 TK296V3	俄黑 4
慈悲道場懺法卷六殘片 Or.8212.1294（E）K.K.III.015.s	郭錄黑／沙刊黑 2
慈悲道場懺法卷七殘片 F79：W7▲	李刊黑
慈悲道場懺法卷七殘片△M1・1387［F79：W15］	中黑 8
慈悲道場懺法卷七殘片△M1・1388［F79：W16］	中黑 8
慈悲道場懺法卷八殘片〔註78〕△M1・1472［F245：W8］	中黑 8／李刊黑
慈悲道場懺法卷九 M1・1421［F245：W6-3］	中黑 8／李刊黑
慈悲道場懺法卷九殘頁△M1・1422［F13：W54］	中黑 8
慈悲道場懺法卷九殘頁△M1・1423［F13：W55］	中黑 8
慈悲道場懺法卷九殘頁 M1・1424［F6：W70］	中黑 8／李刊黑

〔註76〕A8、A8V 中所錄讚文皆屬《讚佛稱讚慈尊》，文獻分類不宜單列，如「云何梵」偈，多見於懺儀，乃其中一部份，故今皆置於一處，並題名後附《讚佛稱讚慈尊》。
〔註77〕原題未明卷數，殘文與《慈悲道場懺法》比對，屬於卷一。
〔註78〕原題「佛經殘頁」，經彭海濤重定名，今為詳之，增卷冊數。

梁武懺 A32.2	俄黑 5
圓融懺悔法門 A22 A24	俄黑 5
金剛經科儀殘片 M1・1426〔F209：W13-1〕	中黑 8／李刊黑
金剛經科儀殘片 M1・1427〔F209：W13-2〕	中黑 8／李刊黑
金剛經科儀殘片 TK296V2	俄黑 4
稍釋金剛經科儀殘片 Дx.284	俄敦 6
九頂尊滅惡趣燒施儀殘頁 M1・1368〔F13：W12〕	中黑 8／李刊黑
施食儀軌殘片 M1・1369〔F13：W25〕	中黑 8／李刊黑
免墮餓鬼燒施救度文 M1・1370〔F13：W3-1〕	中黑 8／李刊黑
免墮餓鬼燒施救度文 M1・1371〔F13：W3-2〕	中黑 8／李刊黑
蠲罪禱祉文 M1・1466〔F9：W4〕△	中黑 8
懺悔文 TK111V	俄黑 3
消災延壽偈頌文、度生淨土懺法儀文 M1・1382△	中黑 8
金剛乘懺法（懺慢心）殘片 Or.12380.0137d Rv（k.k）	北民大黑 1
觀世音經稱頌文 Or.8212.1223 無編號	郭刊黑
御製後序（持誦聖佛母般若多心經要門）TK128.3	俄黑 3
御製後序發願文（勝相頂尊總持功能依經錄）TK164.4	俄黑 4
御製後序發願文（勝相頂尊總持功能依經錄）TK165.3	俄黑 4
天慶元年不空羂索陀羅尼施經發願文（梵文、漢文） Or.12380.2880.1（K.K.II.0240.oo）	北民大黑 3
天慶元年不空羂索陀羅尼施經發願文（梵文、漢文） Or.12380.2880.2（K.K.II.0240.oo）	北民大黑 3
發願文（仁宗施經）〔註 79〕TK304	俄黑 5
願文等〔註 80〕TK300	俄黑 4

〔註 79〕原題「佛經」，經宗舜法師重定名。（《〈俄藏黑水城文獻〉漢文佛教文獻擬題考辨》，第 88 頁）又，寧夏西夏方塔所出土漢文文獻中，有一件經方廣錩定名作「三十五佛名禮懺功德文附仁宗施經願文（擬）」的文獻，本件存文完全與之相合。（《寧夏西夏方塔出土漢文佛典敘錄》，《藏外佛教文獻》第七輯，北京：宗教文化出版社，2000 年，第 402～408 頁）

〔註 80〕本件內容，筆者認識似乎更接近偈頌，如《聖妙吉祥真實名經》中的〈哀請攝受偈〉，或念佛七中〈大迴向文〉，而非發願文，願文有明確目標，文辭、文體多樣，而非簡單地重複佛號。又，所謂「等」，指西夏文。另，TK300V.1 有關黑水人的信札，其中亦有數片內容同前之願文。

印經題款 M1・1425 [F197：W6]	中黑 8／李刊黑
金剛般若波羅蜜經印施題記 TK41.1	俄黑 2
大乘無量壽決定光明王如來陀羅尼經、般若波羅密多心經施印題記 TK21.4	俄黑 2
大乘無量壽決定光明王如來陀羅尼經、般若波羅密多心經施印題記 TK25.3	俄黑 2
金剛般若波羅蜜經施印題記〔註81〕TK39.4	俄黑 2
大方廣佛華嚴經普賢行願品等印施題記 TK142.5〔註82〕	俄黑 3

8. 佛教語文、佛教文藝

8.1　佛教語文（音義）

新集藏經音義隨函錄 TK252	俄黑 4
新集藏經音義隨函錄卷二法鏡經音義 Or.12380.0530（K.K.II.0243g）	北民大黑 1
一切經音義殘片 Or.12380.3917.3（k.k.）	北民大黑 5
慧琳音義卷五十八殘片 Or.12380.917.5（k.k.）	北民大黑 5
續一切經音義卷六無量壽如來念誦修觀行儀軌殘片 M1・1253 [F64：W1]	中黑 7／李刊黑
華嚴經音義 TK296V6	俄黑 4
大方廣佛華嚴經音殘片 Дx.18974	俄敦 17
大方廣佛華嚴經音殘片 Дx.18976	俄敦 17
大方廣佛華嚴經音殘片 Дx.18977	俄敦 17
大方廣佛華嚴經音殘片 Дx.18981	俄敦 17
大方廣佛華嚴經音殘片 Дx.19007	俄敦 17

〔註81〕《分類目錄・佛教》中 TK21.4、TK25.3、TK39.4 僅記「印施題記」，今據原卷內容改定之，以明出處。另，TK21、TK25.3 同為皇建元年李智寶施印《金剛經》題記，TK39.4、TK41.1 為大夏乾祐二十年皇后羅氏施印《金剛經》題記。

〔註82〕《分類目錄・佛教》誤作 TK143.4。題記施印人部份缺失，其附於《大方廣佛華嚴經普賢行願品疏序》、《大方廣佛華嚴經普賢行願品》、《四分律七佛略說戒偈》、《大乘起信論立義分》後。

大方廣佛華嚴經音殘片 Дx.19010	俄敦 17
大方廣佛華嚴經音殘片 Дx.19027	俄敦 17
大方廣佛華嚴經音殘片 Дx.19033	俄敦 17
大方廣佛華嚴經音殘片 Дx.19052	俄敦 17
法苑珠林音義 Or.12380.3374（I.yav.02）	北民大黑 4

8.2　佛教文學

太子出家歌辭 TK206	俄黑 4
彌勒上生經講經文 TK267	俄黑 4
命友吟 A6V2	俄黑 5
五更轉 Инв. No.1366A	俄黑 6
惜財者偈 Ф221VФ228V Ф266V 5	俄黑 6
殿有情思渴等殘字〔註83〕TK266P	俄黑 4
講唱文 Or.12380.3921V.1-.3（K.K）	北民大黑 5

9.　佛教藝術（繪畫）

佛說長阿含經護法神王佛經版畫殘片 Дx11472A.B〔註84〕	俄敦 15
佛說長阿含經第四份世紀經阿須倫品卷首護法神王版畫 TK274〔註85〕	俄黑 4
佛說長阿含經護法神主版畫○TK275〔註86〕	俄黑 4
增壹阿含經版畫 TK265	俄黑 4
增壹阿含經利養品第十三護法神王版畫 Ф123A	俄黑 6
佛說業報差別經卷首版畫 TK137.1	俄黑 3
佛說無常經卷首釋迦佛說法版畫 TK137.2	俄黑 3
大般若波羅蜜多經卷首版畫殘片 Дx.11503	俄敦 15
金剛經卷首版畫 Дx.11581	俄敦 15

〔註83〕《分類目錄・佛教》題名誤錄作「殿友情思渴等殘字」（「禮頌俗講部」）。

〔註84〕《分類目錄・佛教》未收。

〔註85〕《分類目錄・佛教》未收。

〔註86〕圖版題作「佛說長阿含經護法神主版畫」，而《分類目錄》題作「護法神主版畫」。

金剛般若波羅蜜經版畫 TK14〔註 87〕　　　　　　　　　俄黑 1

金剛般若波羅蜜經版畫 TK17〔註 88〕　　　　　　　　　俄黑 1

金剛般若波羅蜜經版畫 TK18〔註 89〕　　　　　　　　　俄黑 1

金剛般若波羅蜜經版畫 TK45〔註 90〕　　　　　　　　　俄黑 2

金剛般若波羅蜜經版畫 TK124〔註 91〕　　　　　　　　俄黑 3

金剛般若波羅蜜經版畫○TK247　　　　　　　　　　　　俄黑 4

金剛般若波羅蜜經版畫 TK179〔註 92〕　　　　　　　　俄黑 4

佛說般若波羅蜜多心經版畫 TK21〔註 93〕　　　　　　　俄黑 2

佛說聖佛母般若波羅蜜多心經版畫 TK128〔註 94〕　　　俄黑 3

大方廣佛華嚴經變相版畫○TK114　　　　　　　　　　　俄黑 3

大方廣佛華嚴經入不思議解脫境界普賢行願品版畫 TK61〔註95〕　俄黑 2

大方廣佛華嚴經入不思議解脫境界普賢行願品版畫 TK64〔註96〕　俄黑 2

大方廣佛華嚴經入不思議解脫境界普賢行願品版畫 TK72〔註97〕　俄黑 2

大方廣佛華嚴經入不思議解脫境界普賢行願品版畫　　　俄黑 2
TK98〔註 98〕

大方廣佛華嚴經入不思議解脫境界普賢行願品版畫（卷首）　俄黑 4
TK243

大方廣佛華嚴經普賢行願品疏序版畫 TK.142〔註 99〕　　俄黑 3

大方廣佛華嚴經梵行品卷首版畫(手結三昧耶印)TK246〔註100〕　俄黑 4

妙法蓮華經卷第一卷首版畫 TK1〔註 101〕　　　　　　　俄黑 1

〔註 87〕《分類目錄·佛教》未收。
〔註 88〕《分類目錄·佛教》未收。
〔註 89〕《分類目錄·佛教》未收。
〔註 90〕《分類目錄·佛教》未收。
〔註 91〕《分類目錄·佛教》未收。
〔註 92〕《分類目錄·佛教》未收。
〔註 93〕《分類目錄·佛教》未收。
〔註 94〕《分類目錄·佛教》未收。
〔註 95〕《分類目錄·佛教》未收。
〔註 96〕《分類目錄·佛教》未收。
〔註 97〕《分類目錄·佛教》未收。
〔註 98〕《分類目錄·佛教》未收。
〔註 99〕《分類目錄·佛教》未收。
〔註 100〕《分類目錄·佛教》未收。
〔註 101〕《分類目錄·佛教》未收。

妙法蓮華經卷第二卷首版畫 TK15〔註102〕	俄黑 1
妙法蓮華經卷第三卷首版畫 TK3〔註103〕	俄黑 1
妙法蓮華經卷第四卷首版畫 TK4〔註104〕	俄黑 1
妙法蓮華經卷第六卷首版畫 TK10〔註105〕	俄黑 1
妙法蓮華經卷第七卷首版畫 TK11〔註106〕	俄黑 1
妙法蓮華經觀世音菩薩普門品第二十五卷首版畫 TK90〔註107〕	俄黑 2
佛說阿彌陀經版畫 TK176	俄黑 4
觀彌勒菩薩上生兜率天經版畫 TK58〔註108〕	俄黑 2
觀彌勒菩薩上生兜率天經版畫 TK81、TK82、TK83〔註109〕	俄黑 2
佛說觀彌勒菩薩上生兜率天經卷首版畫 Дx.11580〔註110〕	俄黑 15
佛說轉女身經變相版畫 TK8	俄黑 1
聖觀自在大悲心總持功能依經錄　勝相頂尊總持功能依經錄版畫 TK164〔註111〕	俄黑 4
佛說大乘聖無量壽決定光明王如來陀羅尼經卷首版畫 TK21.1〔註112〕	俄黑 2
佛說大乘聖無量壽決定光明王如來陀羅尼經卷末版畫 TK21.1〔註113〕	俄黑 2
佛說大乘聖無量壽決定光明王如來陀羅尼經版畫 TK76〔註114〕	俄黑 2

〔註102〕《分類目錄・佛教》未收。
〔註103〕《分類目錄・佛教》未收。
〔註104〕《分類目錄・佛教》未收。
〔註105〕《分類目錄・佛教》未收。
〔註106〕《分類目錄・佛教》未收。
〔註107〕《分類目錄・佛教》未收。
〔註108〕《分類目錄・佛教》未收。
〔註109〕《分類目錄・佛教》未收。
〔註110〕《分類目錄・佛教》未收。
〔註111〕《分類目錄・佛教》題作 TK.164.1「佛經版畫」。而此三圖於本冊彩色插圖中，以經名作版畫題名。（24～1）釋迦說法圖，悉曇體梵文吽（hūṃ），（24～2）、（24～3）佛母像。
〔註112〕《分類目錄・佛教》未收。
〔註113〕《分類目錄・佛教》未收。另，護法神版畫與 TK21.2 佛說般若波羅蜜多心經卷首相連。
〔註114〕《分類目錄・佛教》未收。

大威德熾盛光消災吉祥陀羅尼版畫 Дx1390　　　　　　俄黑 6

高王觀世音經版畫 TK117〔註 115〕　　　　　　　　　　俄黑 3

佛說父母恩重經版畫 TK119〔註 116〕　　　　　　　　　俄黑 3

佛說父母恩重經版畫 TK139　　　　　　　　　　　　　　俄黑 3

佛說三十五佛名經版畫 Дx1336（TK140）　　　　　　　俄黑 3

佛在鹿野苑說法圖版畫○Дx3143　　　　　　　　　　　俄黑 6

釋迦摩尼佛說法圖○Ф360　　　　　　　　　　　　　　俄黑 7

為天曹地府說法之處版畫○Дx2878　　　　　　　　　　俄黑 7

佛像（釋迦佛）MI・1492 ［F13：W60］　　　　　　　中黑 8

佛像（阿閦佛）MI・1491 ［F13：W61］　　　　　　　中黑 8

佛像（釋迦佛／說法印）MI・1493 ［F210：W2］　　　中黑 8

佛像（說法）MI・1495 ［F210：W1］　　　　　　　　中黑 8

華嚴三聖版畫 B57A〔註 117〕　　　　　　　　　　　　俄黑 6

華嚴三聖版畫○Дx8270　　　　　　　　　　　　　　　俄黑 6

西方三聖捺印○Дx2877　　　　　　　　　　　　　　　俄敦 10

阿彌陀佛版畫○TK244　　　　　　　　　　　　　　　　俄黑 4

四十八願阿彌陀佛像供養文○TK288　　　　　　　　　俄黑 4

佛經版畫 TK278.3　　　　　　　　　　　　　　　　　　俄黑 4

刻本佛像（眾菩薩）○Дx9108　　　　　　　　　　　　俄敦 14

佛畫扉頁（四菩薩八金剛）Дx11471　　　　　　　　　俄敦 15

佛畫扉頁 Дx11500　　　　　　　　　　　　　　　　　　俄敦 15

佛畫扉頁 Дx11501　　　　　　　　　　　　　　　　　　俄敦 15

捺印千佛 Дx11579　　　　　　　　　　　　　　　　　　俄敦 15

捺印千佛像○Дx19088　　　　　　　　　　　　　　　　俄敦 17

捺印千佛像○Дx19089　　　　　　　　　　　　　　　　俄敦 17

捺印千佛像○Дx19090　　　　　　　　　　　　　　　　俄敦 17

捺印千佛像○Дx19091　　　　　　　　　　　　　　　　俄敦 17

〔註 115〕《分類目錄・佛教》未收。
〔註 116〕《分類目錄・佛教》未收。
〔註 117〕《分類目錄・佛教》失收。

捺印千佛像○Дx19092	俄敦 17
捺印佛像○TK280	俄黑 4
捺印佛像○TK281	俄黑 4
捺印佛像○TK282	俄黑 4
捺印佛像○Ф312A	俄黑 6
針刺漏孔白畫佛像○TK157V〔註118〕	俄黑 3
注清涼心要版畫 TK186〔註119〕	俄黑 4
大聖文殊師利菩薩像供養文○TK283	俄黑 4
大聖文殊師利菩薩像供養文○TK289	俄黑 4
金剛索菩薩版畫 M1・1460〔F280：W101〕	中黑 8／ 李刊黑
護法天王像○Ф308A	俄黑 6
護法神版畫○TK277	俄黑 4
護法神王像 Дx11572	俄敦 15
護法神王像 Дx11576	俄敦 15
白畫天馬 TK321.2	俄黑 5
白畫金翅鳥王〔註120〕TK321.3	俄黑 5
金剛杵塗彩版畫 TK260	俄黑 4
惜財者像 Ф221V Ф228V Ф266V 4	俄黑 6
圖像殘件 MI・1494〔F13：W62〕〔註121〕	中黑 8
圖像殘件 MI・1496〔F210：W4〕〔註122〕	中黑 8
圖像殘件 MI・1497〔F9：W40〕	中黑 8
僧侶聽法版畫○Or.12380.0887（K.K.）	北民大黑 1

〔註118〕所謂「針刺漏孔」，實乃通過針孔確定繪圖（或雕刻）的位置，此件是繪製（或雕刻）佛像所用的白描稿。另，「白畫」頗為怪異，就中國畫而言，單線條描繪圖畫，稱之為白描。

〔註119〕《分類目錄・佛教》未收。

〔註120〕TK.321.2、TK.321.3，從兩幅繪畫單線勾勒的形式而論，應屬於中國畫之白描，故以「白畫」言之不當也。

〔註121〕近似習作？

〔註122〕本號共六件，其中一件存頭像，非藏式佛菩薩護法像，似近藏地僧人或先哲像。

僧侶聽法版畫○Or.12380.0888（K.K.）〔註123〕　　　北民大黑 1

10. 佛教史傳

端拱二年智堅等往西天取菩薩戒記 B63〔註124〕　　　俄黑 6

11. 佛教寺院

大金國陝西路某告冥司許欠往生錢折看經品目牒 A32.7　　　俄黑 5

太平興國六年法進於澄淨師所受菩薩戒文 Φ181.1　　　俄敦 4

乾祐年佛教寺院文書 Or.8212.1291 K.K. III.015.oo（i）　　　郭刊黑／
　　　　　　　　　　　　　　　　　　　　　　　　　　　　沙刊黑 2

施主△M3・0015 ［AE200 Zhi39］　　　中黑 8

信眾名單△M1・1488 ［F2：W2］　　　中黑 8

元上師佈施小麥殘 Or.8212.805 KK.0152（e）　　　馬刊黑／
　　　　　　　　　　　　　　　　　　　　　　　　　　　沙刊黑 1

12. 未定名佛教文獻

佛經殘頁△M1・1383　　　中黑 8

佛經殘頁△M1・1384 ［F13：W1］　　　中黑 8

佛經殘頁 M1・1380 ［F14：W11］　　　中黑 8

佛經殘頁△M1・1386 ［F13：W7］　　　中黑 8

佛經殘頁△M1・1390 ［F21：W1］　　　中黑 8

佛經殘頁△M1・1391 ［F20：W5］　　　中黑 8

佛經殘頁△M1・1392 ［F211：W1］　　　中黑 8

佛經殘頁△M1・1399 ［F209：W6］　　　中黑 8

佛經殘頁△M1・1400 ［F209：W7］　　　中黑 8

〔註123〕 Or.12380.0887、Or.12380.0888 原題「版畫」，殘片。Or.12380.0888 畫面中有
　　　　 一僧侶，左側向眾，坐於臥具之上，身體前傾，似聽法狀。又 Or.12380.0887，
　　　　 存祥雲、落花，筆法、線條與 Or.12380.0888 相同，此應為原畫的一部份，
　　　　 故二件重定名作「僧侶聽法版畫」。
〔註124〕 《分類目錄・佛教》失收。

佛經殘頁△M1・1455 ［84H・F197：W52／2255］	中黑 8
佛經殘頁△M1・1474 ［F79：W7］	中黑 8
佛經殘頁△M1・1475 ［F79：W19］	中黑 8
佛經殘頁△M1・1476 ［F197：W3］	中黑 8
佛經殘頁△M1・1478	中黑 8
佛經殘頁△M1・1479 ［F6：W80］	中黑 8
佛經殘頁 M1・1480 ［F14：W12］	中黑 8／ 李刊黑
佛教文獻殘頁△M1・1489 ［F22：W14］	中黑 8
佛教文獻殘頁△M1・1490 ［F1：W8］	中黑 8
佛教文獻殘片 Or.8212.1162	郭錄黑／ 沙刊黑 2
佛經殘片 Or.8212.1212～1214kkII0299ww	郭錄黑
佛經殘片 Or.8212.1215～1218 kkII0238、0236、0239 等	郭錄黑
殘刻本佛經二片 Or.8212.1225 kkII0242r	郭錄黑
殘刻本佛經 Or.8212.1226～1242 kkII0243	郭錄黑
殘佛經刻本 Or.8212.1249	郭錄黑
殘佛經碎 Or.8212.1252-1266kkII0260u，262p，254m，269i， 0270xx，0274～0280	郭錄黑
佛教文獻殘片 Or.8212.1315 K.K.III.022.v 背	郭錄黑／ 沙刊黑 2
殘佛經碎片 Or.8212.1271～1286 kkII015	郭錄黑
殘佛經碎片 Or.8212.1288～1290 kkII015	郭錄黑
殘佛經刻本 Or.8212.1293～1301，1303～1333，1335～1336	郭錄黑
漢文佛教文獻 Or.12380.0080aRV（K.K.II.0283）	北民大黑 1
漢文佛經經疏 Or.12380.0181（K.K.）	北民大黑 1
漢文佛經 Or.12380.0320h（K.K.II.0285）	北民大黑 1
漢文佛經 Or.12380.0425（K.K.II.0285.a.xxviii）	北民大黑 1
漢文佛經 Or.12380.0477（K.K.）	北民大黑 1
漢文佛經 Or.12380.0532a（K.K.II.0243.w）	北民大黑 1
漢文佛經 Or.12380.0599V（K.K.）缺	北民大黑 1
漢文佛經 Or.12380.0532b（K.K.II.0243w）	北民大黑 1

漢文佛經科文 Or.12380.2370（K.K.III.022.d）　　　　　　北民大黑 3

漢文佛經 Or.12380.2659（K.K.II.0237.b）　　　　　　　　北民大黑 3

漢文佛經 Or.12380.2720（K.K.）　　　　　　　　　　　　北民大黑 3

漢文佛經 Or.12380.2723（K.K.）　　　　　　　　　　　　北民大黑 3

漢文佛經 Or.12380.2724（K.K.）　　　　　　　　　　　　北民大黑 3

漢文佛經 Or.12380.2727（K.K.）　　　　　　　　　　　　北民大黑 3

漢文佛經 Or.12380.3174.1（K.K.）　　　　　　　　　　　北民大黑 4

漢文佛經 Or.12380.3541（K.K.II.0275.iii）　　　　　　　北民大黑 4

漢文佛經 Or.12380.3628（K.K.）　　　　　　　　　　　　北民大黑 4

漢文佛經 Or.12380.3779.6（K.K.）　　　　　　　　　　　北民大黑 5

漢文佛經 Or.12380.3819（K.K.）　　　　　　　　　　　　北民大黑 5

漢文佛經 Or.12380.3915.1（K.K.）　　　　　　　　　　　北民大黑 5

漢文佛經 Or.12380.3915.4（K.K.）　　　　　　　　　　　北民大黑 5

漢文佛經 Or.12380.3915.5（K.K.）　　　　　　　　　　　北民大黑 5

漢文佛經 Or.12380.3921.5V（K.K.）　　　　　　　　　　北民大黑 5

佛教文獻碎片 TK296V7　　　　　　　　　　　　　　　　俄黑 4

佛經論釋 TK220　　　　　　　　　　　　　　　　　　　俄黑 4

漢文佛教文獻殘片 TK295　　　　　　　　　　　　　　　俄黑 4

刻本佛經 Дх.2875　　　　　　　　　　　　　　　　　　俄敦 10

刻本佛經 Дх.7221　　　　　　　　　　　　　　　　　　俄敦 13

刻本佛經 Дх.7898　　　　　　　　　　　　　　　　　　俄敦 13

刻本佛經 Дх.9218　　　　　　　　　　　　　　　　　　俄敦 14

刻本佛經 Дх.9222、Дх.9230　　　　　　　　　　　　　俄敦 14

刻本佛經 Дх.9240（Дх.9177）　　　　　　　　　　　　俄敦 14

漢文佛教刻本 Дх.11576.5　　　　　　　　　　　　　　　俄敦 15

佛典（杵偈）Дх.19000　　　　　　　　　　　　　　　　俄敦 17

結　語

一、黑水城漢文佛教文獻構成

　　黑水城漢文佛教文獻總計 1058 號。定名文獻 908 號，中國藏漢文佛教文獻計 190 號，包括文獻 183 號，圖像 7 號。俄藏黑水城漢文佛教文獻 481 號，包括 TK、Инв、A、B、X 五個特藏號黑水城漢文佛教文獻 375 號，Дx、Ф 兩個敦煌文獻特藏號中的黑水城漢文佛教文獻達 106 號（Дx84 號，Ф22 號）。英藏漢文佛教文獻計 237 號，包括 Or.8212 特藏系列 148 號和 Or.12380 特藏系列 89 號。本文對黑水城漢文佛教文獻進行了全面地梳理，經比對、辨識，共有 106 號文獻的題名重新勘定，包括中國藏 26 號，英藏 50 號，俄藏 30 號。未定名文獻 150 號，其中中國藏 19 號，英藏 123 號（其中 100 號僅見於郭鋒目錄，尚無圖版刊行），俄藏 8 號。另，密教文獻中有些文獻雖有定名，然內容並不明確，如 Or.12380.0627（K.K.）漢文陀羅尼、A21V2 陀羅尼、TK163／TK259／TK266／TK286／Инв.272 密教儀軌，等等，需要進行比勘藏文後再作明確。

　　黑水城漢文佛教文獻（除圖像、未定名文獻）計 298 種，文獻構成具有顯密二教、大小二乘並存的特點，並以大乘為主，且密教文獻豐富，這與西夏佛教深受藏傳佛教影響相關。小乘經中四部阿含俱有留存，經部除大集部，餘般若、法華、華嚴、寶積、涅槃皆有典籍存世，其中般若、法華、華嚴三部較之密教文獻，雖品種不及彼，然單經號數則遠超密教文獻，如金剛經 68 號、法華經 55 號、華嚴經及疏 56 號。

　　西夏佛教深受漢藏傳二系佛教宗派的影響。以漢傳佛教而論，若僅從黑

水城遺存漢文佛教文獻而論，漢傳宗派中華嚴、禪宗二宗影響較大，尤其是禪宗，現存《景德傳燈錄》、《碧巖錄》等多種漢文禪宗文獻，西夏文中則有南宗禪之重要文獻《六祖大師法寶壇經》〔註1〕。

二、黑水城漢文佛教文獻未來研究之展望

從崔紅芬《20世紀西夏佛教研究概述》，〔註2〕楊富學、張海娟《新世紀初國內西夏佛教研究的回顧與展望》，〔註3〕史金波《二十世紀西夏宗教研究》，〔註4〕劉建麗《20世紀國內外西夏學研究綜述》，〔註5〕張琰玲《二百年中國西夏學著作概述》，〔註6〕翟麗萍《近十年以來黑水城漢文文書研究綜述》，〔註7〕張琰玲、張玉梅《國內黑水城漢文文獻的整理、翻譯與研究》，〔註8〕張祖群《近年來我國西夏學研究述評與展望》，〔註9〕等研究綜述，及筆者所編製《西夏文獻題名考訂論文目錄》、《西夏佛教研究論著目錄》，我們可以看到，較之西夏歷史、語言文字、政治等方面，西夏文佛教文獻校釋及研究，漢文佛教文獻校訂及相關的研究屬非主流領域。如智冥《四分律行事集要顯用記卷第四》屬於藏外文獻，尚無校訂本〔註10〕，此與遼僧澄淵《四分律行事鈔詳集記》（現藏於韓國海印寺），皆是研究律宗向北方少數民族地區傳播研究重要的文獻；漢譯密教文獻研究亦尚未充分開展相關研究，沈衛榮、黃傑華等雖已有相關研究成果，但目前對漢譯密教文獻中大量讚頌、修法儀軌的來

〔註 1〕國家圖書館、北京大學圖書館、中國國家博物館皆有館藏。（參見《中國藏西夏文獻綜述》，《西夏學》第2輯，第35、40頁），另英藏一葉（Or.12380.3870，《英藏黑水城文獻》第5冊）；羅福成《六祖大師法寶壇經殘本釋文》，《國立北平圖書館館刊》第4卷第3號西夏文專號，第227～235頁（2731～2739）；川上天山：《關於西夏語譯〈六祖壇經〉》，劉紅軍、孫伯君譯，《國外早期西夏學論集》（二），北京：民族出版社，2005年，第251～259頁；史金波《西夏文〈六祖壇經〉殘頁譯釋》，《世界宗教研究》1993年第3期，第90～99頁）

〔註 2〕《西北第二民族學院學報》2004年第2期，第23～28頁。

〔註 3〕《西夏學》第6輯，上海：上海古籍出版社，2010年，第230頁。

〔註 4〕杜建錄主編：《二十世紀西夏研究》，銀川：寧夏人民出版社，2005年，第86～102頁。

〔註 5〕《甘肅社會科學》2005年第1期，第224～230頁。

〔註 6〕《寧夏社會科學》2009年9月。第111～114頁。

〔註 7〕《中國史研究動態》2010年第4期，第2～8頁。

〔註 8〕《寧夏社會科學》2011年11月，第109頁。

〔註 9〕《海南師範大學學報（社會科學版）》2012年第3期，第82～89頁。

〔註 10〕筆者正在進行該文本的校錄工作，目前尚未全部完成。

源並不完全清楚，實需要比定藏文佛教文獻後才能予以確立；又夏譯漢文佛教文獻與漢文佛教文獻的關係、夏譯密教文獻與漢譯密教文獻的關係，等等，皆需開展相關的基礎文獻整理研究，由此方可深入開展西夏佛教研究。

　　此外，在今日充分重視數字資料時代，為便捷、深入開展黑水城漢文文獻及相關研究，實有建立黑水城漢文佛教文獻全文數據庫之必要。一者便於跨館藏比對文本、文本綴合，本文撰寫中利用文中錄文解決一些文獻定名，如 M1‧1389［F5‧W2］「百字咒求生淨土禳業儀」，與 Дx.18999 百字咒懺悔儀、A5.1 念一切如來百字懺悔劑門儀軌；F20：W3「四面咒、忿怒咒、密乳咒等修習法殘片」與 A7 慈烏大黑要門；Or.8212／1211 KK.II 0229tt、Or.8212／1269 KK「四天母咒語殘片」與 A11 密教念誦集；Or.12380-3823（K.K.）與 A8.1 彌勒菩薩懺儀、三身佛讚（《讚佛稱讚慈尊》）；M1‧1463［F62：W1］與 M1‧1465［F62：W6］同屬《華嚴經‧佛不思議法品》刻本，等等。二者，建立全文數據庫，以省翻檢圖冊之累，又可全面展示黑水城漢文佛教文獻之全貌。

參考文獻

一、佛教大藏經

1. 《大正新修大藏經》，臺北：財團法人佛陀教育基金會，1990 年。

2. 《卍續藏經》，臺北：新文豐出版股份有限公司，1983 年。

3. 《中華大藏經（漢文部分）》，北京：中華書局 1984～1996 年。

4. 《景印高麗大藏經》，臺北：新文豐出版股份有限公司，1982 年。

5. 《高麗大藏經初刻本輯刊》，重慶：西南師範大學出版社，北京：人民出版社，2012 年。

6. 《宋版磧砂大藏經》，臺北：新文豐出版股份有限公司，1987 年。

7. 《房山石經·遼金刻經》，北京：中國佛教圖書文物館，1999 年。

8. 《房山石經》，北京：華夏出版社，2000 年。

9. 《永樂北藏》，北京：線裝書局，2000 年。

10. 《洪武南藏》，成都：四川佛教協會，1999 年。

11. 《嘉興大藏經》，臺北：新文豐出版股份有限公司，1987 年。

12. 《乾隆大藏經》，彰化：寶印佛經流通處、傳正有限公司、乾隆版大藏經刊印處，1997 年。

二、黑水城文獻、敦煌文獻

1. 李逸友編：《黑城出土文書（漢文文書卷）：內蒙古額濟納旗黑城考古報告之一》，北京：科學出版社，1991 年。

2. 林世田主編：《國家圖書館藏西夏文獻中漢文文獻釋錄》，北京：北京圖書館出版社，2005 年。

3. 塔拉、杜建錄、高國祥主編:《中國藏黑水城漢文文獻》(第 1~10 冊),北京:國家圖書館出版社,2008 年。

4. 俄羅斯科學院東方研究所聖彼得分所、中國社會科學院民族研究所、上海古籍出版社編:《俄藏黑水城文獻(漢文部份)》(第 1~6 冊),上海:上海古籍出版社,1996~2000 年。

5. 俄羅斯科學院東方研究所聖彼得分所、俄羅斯科學出版社東方文學部、上海古籍出版社編:《俄藏敦煌文獻》(第 1~17 冊),上海:上海古籍出版社,1992~2001 年。

6. 馬伯樂:《斯坦因第三次中亞探險所獲漢文文書》(Henri Maspero: *Les Documents Chinois*: *De La Troisième Expédition De Sir Aurel Stein En Asia Centrale*. London: The Trustees of British Museum, 1953.)

7. 郭鋒:《斯坦因第三次中亞探險所獲甘肅新疆出土漢文文書——未經馬斯伯樂刊佈的部份》,蘭州:甘肅人民出版社,1993 年。

8. 沙知、吳芳思主編:《斯坦因第三次中亞考古所獲漢文文獻(非佛經部分)》(第 1、2 冊)上海:上海辭書出版社,2005 年。

9. 英國國家圖書館、西北第二民族學院(北方民族大學)、上海古籍出版社編:《英藏黑水城文獻》(第 1~5 冊),上海:上海古籍出版社,2005~2010 年。

10. 武宇林、荒川慎太郎主編:《日本藏西夏文文獻》(上下冊),北京:中華書局,2011 年。

11. 黃永武主編:《敦煌寶藏》,臺北:新文豐出版股份有限公司,1986 年。

三、古典文獻專著

1. 元,布頓大師:《佛教史大寶藏論》,郭和卿譯,北京:民族出版社,1986 年。

2. 明,智旭:《閱藏知津》(金陵刻經處本),臺北,新文豐出版股份有限公司,1973 年。

3. 張繼禹主編:《中華道藏》,北京:華夏出版社,2004 年。

4. 漢,許慎撰,宋,徐鉉校訂:《說文解字》,北京:中華書局,1963 年。

5. 漢,許慎撰、清,段玉裁注:《說文解字注》(依經韻樓版影印),上海:上海古籍出版社,1989 年。

6. 唐，張參：《五經文字》（文化七年（1810）刊，早稻田大學藏本）

7. 施安昌編：《顏真卿書干祿字書》，北京：紫禁城出版社，1990 年。

8. 淺倉屋久兵衛刊《干祿字書》（書林，文化十四年（1817）刊，早稻田大學藏本）。

9. 唐，玄度：《新加九經字樣》（早稻田大學藏本）。

10. 遼，行均編：《龍龕手鏡》（高麗本影印），北京：中華書局，1985 年。

11. 《宋本玉篇》（據張氏澤存堂本影印），北京：中國書店，1983 年。

12. 明，陳士之：《古俗字略》卷二，《古俗字略·宋元以來俗字譜》，杉本つとむ編《異體字研究資料集成》二期八卷，東京：雄山閣，平成 7 年（1995）。

13. 清，王筠：《正字略》（道光大盛堂本），《續修四庫全書·經部·小學類》第 240 冊，上海：上海古籍出版社，1996 年。

14. 顧南原撰集：《隸辨》（據康熙五十七年項氏玉淵堂刻版影印）北京：中國書店，1982 年。

15. 清，吳任臣：《字彙補》，《續修四庫全書》第 223 冊，上海：上海古籍出版社，1996 年。

16. 日，太宰純《倭楷正訛》（文英閣、青竹樓梓），杉本つとむ編：《異體字研究資料集成》一期四卷，東京：雄山閣，平成 7 年（1995）。

17. 宋，丁度等撰：《宋刻集韻》，北京：中華書局，1989 年。

18. 《宋本廣韻、永祿本韻鏡》，南京：江蘇教育出版社，2005 年。

四、現代研究專著

1. 俄，孟列夫主編：《俄藏敦煌漢文寫卷敘錄》（上下冊），袁席箴、陳華平譯，上海：上海古籍出版社，1999 年。

2. 俄，孟列夫：《黑城出土漢文遺書敘錄》，王克孝譯，銀川：寧夏人民出版社，1994 年。

3. 史金波：《西夏佛教史略》，銀川：寧夏人民出版社，1988 年。

4. 崔紅芬：《西夏河西佛教研究》，北京：民族出版社，2010 年。

5. 束錫紅：《黑水城西夏文獻研究》，北京：商務印書館，2013 年。

6. 藍吉富：《佛教史料學》，臺北：東大圖書股份有限公司，1997 年。

7. 久美卻吉多傑編著，曲甘·完瑪多傑譯：《藏傳佛教神明大全》（上、下冊），西寧：青海人民出版社，2004 年。

8. 德，R·海涅曼：《漢梵梵漢陀羅尼用語用句辭典》，藍吉富主編《世界佛學名著譯叢》第 9 冊，臺北：華宇出版社，1986 年。

9. 姚名達：《中國目錄學史》，上海：上海古籍出版社，2002 年。

10. 俞君立、陳樹年主編：《文獻分類學》，武漢：武漢大學出版社，2001 年。

11. 彭斐章主編：《目錄學教程》，北京：高等教育出版社，2004 年。

12. 周子榮編：《雲林佛教圖書分類法》，香港：雲林出版社，2005 年。

13. 白化文編著：《佛教圖書分類法》（改訂本），北京：北京圖書館出版社，2001 年。

14. 路彬等編撰：《佛教文獻分類表（修訂試用本）》（複印本），著者贈送，2012 年。

15. 香光尼眾佛學院圖書館編訂：《佛教圖書分類法》（2011 年版），嘉義：香光書鄉出版社，2011 年。

16. 李世傑編著：《佛教圖書分類法》（影印本），出版者不詳，1962 年。

17. 劉復、劉家瑞編：《宋元以來俗字譜》，北平：國立中央研究院歷史語言所，民 19 年（1930）。

18. 羅振鋆、羅振玉：《增訂碑別字》，北京：文字改革出版社，1957 年。

19. 潘重規主編：《敦煌俗字譜》，臺北：石門圖書公司，1978 年。

20. 秦公輯：《碑別字新編》，北京：文物出版社，1985 年。

21. 裘錫圭：《文字學概要》，北京：商務印書館，1988 年。

22. 黃征：《敦煌俗字典》，上海：上海教育出版社，2005 年。

23. 張湧泉：《俗字裏的學問》，北京：語文出版社，2000 年。

24. 張湧泉：《漢語俗字研究》，長沙：嶽麓書社，1995 年；張湧泉：《漢語俗字研究》（增訂本），北京：商務印書館，2010 年。

25. 張湧泉：《敦煌俗字研究導論》，臺北：新文豐出版股份有限公司，1996 年。

26. 黃征：《敦煌語言文字學研究》，蘭州：甘肅教育出版社，2001 年。

27. 蔡忠霖：《敦煌漢文寫卷俗字及其現象》，臺北：文津出版社，2002 年

28. 羅常培：《唐五代西北方音》，上海：國立中央研究院歷史語言所，民 22 年（1933）。

29. 李範文：《宋代西北方音：〈番漢合時掌中珠〉對音研究》，北京：中國社會科學出版社，1994 年。

30. 美，李珍華、周長楫：《漢字古今音表》，北京：中華書局，1993 年。

31. 郭錫良：《漢字古音手冊》，北京：北京大學出版社，1986 年。

32. 萬獻初：《音韻學要略》（第二版），武漢：武漢大學出版社，2012 年。

五、研究論文

（一）學位論文

1. 崔紅芬：《西夏時期的河西佛教》，蘭州：蘭州大學博士論文，2006 年。

2. 束錫紅：《西夏文獻學研究》，南京：南京師範大學博士論文，2007 年。

3. 石坤：《斯坦因喀拉浩特遺址所發掘諸廢墟及其出土文物對應關係研究》，蘭州：蘭州大學碩士論文，2006 年。

4. 樊麗沙：《漢傳佛教在西夏的傳播和影響》，蘭州：西北民族大學碩士論文，2009 年。

5. 白寧寧：《英藏黑水城漢文文獻的整理研究》，石家莊：河北師範大學碩士論文，2012 年。

（二）專著、文集、期刊、連續出版物析出論文

1. 聶鴻音：《黑城所出〈續一切經音義〉殘片考》，《北方文物》2001 年第 1 期，第 95～96 頁。

2. 宗舜：《〈俄藏黑水城文獻〉漢文佛教文獻擬題考辨》，《敦煌研究》2001 年 1 期，第 82～92 頁。

3. 宗舜：《〈俄藏黑水城文獻〉之漢文佛教文獻續考》，《敦煌研究》2004 年第 5 期，第 90～93 頁。

4. 李輝、馮國棟：《俄藏黑水城文獻兩件類書定名與拼合》，《寧夏社會科學》2005 年第 2 期，第 90～91 頁。

5. 張富春：《〈俄藏黑水城文獻〉俄 TK136 號漢文文獻題名辨正》，《圖書館理論與實踐》2005 年第 3 期，第 121～122 頁。

6. 虞萬里：《黑城文書〈資治通鑒綱目〉殘葉考釋》，《歐亞學刊》第七輯，北京：中華書局，2007 年，第 180～202 頁。

7. 段玉泉：《黑水城文獻〈資治通鑒綱目〉殘頁考釋》，《寧夏大學學報（人

文社會科學版）》2006 年第 3 期，第 68～71 頁。

8. 胡玉冰、唐方：《黑水城〈資治通鑒綱目〉殘葉考述》，《西夏研究》2012 年第 2 期，第 38～46 頁。

9. 惠宏：《英藏黑水城文獻 Or.8212／1343 號脈法殘片考——兼論黑水城文獻與敦煌文獻的互串問題》，《西夏學》第一輯，銀川：寧夏人民出版社，2006 年，第 105～108 頁。

10.《英藏斯.碎.181 脈法殘片考——兼推黑城文獻之下限》，《時珍國醫國藥》2006 年第 17 卷第 10 期，第 2060～2061 頁。

11. 段玉泉：《俄藏黑水城文獻〈初學記〉殘片補考》，《寧夏社會科學》2006 年第 1 期，第 109～110 頁。

12. 張國旺：《俄藏黑水城 TK194 號文書〈至正年間提控案牘與開除本官員狀〉》，《西域研究》2008 年第 2 期，第 55～61 頁。

13. 陳豔：《俄藏黑水城 TK318 號文書考釋》，《西夏學》第 4 輯，銀川：寧夏人民出版社，2009 年，第 149～52 頁。

14. 邱志誠：《兩件新刊中國藏黑水城漢文文書殘片考釋》，《西夏學》第 6 輯，上海古籍出版社，2010 年，第 97～108 頁。

15. 邱志誠：《中國藏黑水城 83H·F1：W14／0014 號文書殘片定名及其它》，《首都師範大學學報（社會科學版）》2011 年第 2 期，第 30～32 頁。

16. 邱志誠：《黑水城文書中發現又一版本的〈千金要方〉——新刊中國藏黑水城 F14；w8 號漢文文書考釋》，《首都師範大學學報（社會科學版）》2012 年第 1 期，第 114～122 頁。

17. 彭海濤：《黑水城所出八件佛經殘片定名及復原》，《西夏學》第 8 輯，上海：上海古籍出版社，2011 年，第 284～290 頁。

18. 杜立輝：《關於兩件黑水城西夏漢文文書的初步研究》，《西夏學》第 8 輯，上海古籍出版社，2011 年，第 238～243 頁。

19. 吳超：《中國藏黑水城漢文文獻所見〈慈悲道場懺法〉考釋》，《赤峰學院學報（漢文哲學社會科學版）》2011 年 8 月第 32 卷第八期，第 29～33 頁。

20. 張蓓蓓、付俊璉：《黑水城〈憶飲〉詩殘件命名及作者考》，《文獻》2013 年第 6 期，第 43～44 頁。

21. 劉波：《黑水城漢文刻本文獻定名商補》，《文獻》2013 年第 2 期，第 69～76 頁。

22. 馬振穎、鄭炳林：《〈俄藏敦煌文獻〉中的黑水城文獻補釋》，《敦煌學輯刊》2015 年第 2 期，第 129～150 頁。

23. 方廣錩《俄藏〈大乘入藏錄卷上〉研究》，《北京圖書館館刊》1992 年第 1 期，第 72～82 頁。

24. 方廣錩《八種粗重犯墮》，方廣錩主編：《藏外佛教文獻》第一輯，北京：宗教文化出版社，1995 年，第 60～63 頁。

25. 榮新江《俄藏〈景德傳燈錄〉非敦煌寫本辨》，北京：世界圖書出版公司北京公司，1996 年，第 250～253 頁。

26. 府憲展：《敦煌文獻辨疑錄》，《敦煌研究》1996 年第 2 期，第 84～95 頁。

27. 金瀅坤：《〈俄藏敦煌文獻〉中黑水城文書考證及相關問題的討論》，《敦煌學》第二十四輯（2003 年 6 月），第 61～81 頁；後收入金瀅坤：《〈俄藏敦煌文獻〉中黑水城文書考證及相關問題的討論》，《百年敦煌文獻整理研究國際學術討論會論文集》（上冊），2010 年，第 363～378 頁。

28. 榮新江：《〈俄藏敦煌文獻〉中的黑水城文獻》，《黑水城人文與環境研究——黑水城人文與環境國際學術研討會論文集》，北京：中國人民大學出版社，2007 年，第 534～548 頁；後收入榮新江《辨偽與存真——敦煌學論集》，上海：上海古籍出版社，2010 年，第 165～180 頁。

29. 董大學：《俄 Дх.284 號〈稍釋金剛科儀要偈三十二分〉考辨》，《寧夏大學學報（人文社會科學版）》2013 年第 1 期，第 85～87 頁。

30. 馬振穎、鄭炳林：《〈俄藏敦煌文獻〉中的黑水城文獻補釋》，《敦煌學輯刊》2015 年第 2 期，第 129～150 頁。

31. 吳其昱：《列寧格勒所藏敦煌寫本概況》，《漢學研究》第 4 卷第 2 期，1986 年，第 73～84 頁。

32. M. Paul Pelliot, Les Documents Chinois Trouvés par La Mission Kozlov Á Khara-khoto, Journal asiatique,（SER11, T3）Mai-Juin, 1914, pp503～518.（《科茲洛夫考察隊黑城所獲漢文文獻考》，聶鴻音譯，孫伯君編：《國外早期西夏學論集》（一），北京：民族出版社，2005 年，第 169～179 頁）

33. И. Горбачева, Е. И. Кычанов: *Тангутские рукописи и ксилографы*, Москва, 1963.（漢譯本《西夏文寫本和刊本》,《民族史譯文集》第 3 集,中國社會科學院民族研究所社會歷史室資料組,1978 年,第 1～113 頁）

34. 孟列夫、蔣維崧、白濱編製:《敘錄》,《俄藏黑水城文獻（漢文部份）》第 6 冊附錄,上海:上海古籍出版社,2000 年,第 1～66 頁。

35. 府憲展編製:《分類目錄》,《俄藏黑水城文獻（漢文部份）》第 6 冊附錄,上海:上海古籍出版社,2000 年,第 75～83 頁。

36. 郭鋒:《大英圖書館斯坦因三探所獲甘肅新疆出土文書記注目錄（初稿）》,《斯坦因第三次中亞探險所獲甘肅新疆出土漢文文書——未經馬斯伯樂刊佈的部分》,蘭州:甘肅人民出版社,1993 年,第 203～237 頁。

37. 魏靈芝:《俄藏黑水城文獻漢文世俗部份敘錄》,《圖書館理論與實踐》2001 年第 3 期,第 57～58 頁。

38. 魏靈芝:《俄藏黑水城文獻西夏文世俗部份敘錄》,《圖書館理論與實踐》2005 年第 2 期,第 118～119 頁。

39. 《〈中國藏西夏文獻〉總目錄》,《西夏學》第 3 輯,銀川:寧夏人民出版社,2008 年,第 51～71 頁。

40. 杜建錄:《中國藏西夏文獻敘錄》,《西夏學》第 3 輯,銀川:寧夏人民出版社,2008 年,第 72～158 頁。

41. 杜建錄:《中國藏西夏文獻概論》,《中國藏西夏文獻綜述》,《西夏學》第 2 輯,銀川:寧夏人民出版社,2007 年,第 17～33 頁。

42. 東嘎·洛桑赤列:《藏文文獻目錄學》（中）,陳慶紅、敖紅譯,《西藏研究》1988 年第二期,第 116～117 頁。

43. 黃明信、謝淑婧、丹珍卓瑪《北京圖書館藏文古舊圖書著錄暫行條例說明》,《中國藏學》1988 年第 1 期,第 67～69 頁。

44. 《國立北平圖書館館刊》第 4 卷第 3 號（西夏文專號）,北京:書目文獻出版社,1992 年,第 2437～2910 頁。

45. 《西夏學》第 1～4 輯,銀川:寧夏人民出版社,2006～2009 年;第 5～10 輯,上海:上海古籍出版社,2010～2014 年。

46. 白濱:《黑水城文獻的考證與還原》,《河北學刊》2007 年 4 月,第 88～91 頁。

47. 王繼如：《敦煌俗字研究法》，《2000 年敦煌學國際學術討論會論文集——紀念敦煌藏經洞發現暨敦煌學百年》蘭州：甘肅民族出版社，2003 年。（王師《訓詁學》課程資料打印本）。

48. 王繼如：《敦煌通讀字研究芻議》，《文史》2003 年第 2 期，第 212～231 頁

49. 張湧泉：《試論審辨敦煌寫本俗字的方法》，《敦煌研究》1994 年第 4 期，第 146～155 頁。

50. 杜愛英：《敦煌遺書中俗體字的諸種類型》，《敦煌研究》1992 年第 3 期，第 117～127 頁。

51. 黃征：《敦煌俗字種類考辨》，日，石塚晴通編：《敦煌學日本學——石塚晴通教授退職紀念論文集》，上海：上海辭書出版社，2005 年，第 112～126 頁。

六、電子文獻、工具書

1. CBETA 電子佛典集成，臺北：中華電子佛典協會，2014 年。

2. 洪百堅：《正統道藏》（電子文字資料庫），道教學術資訊網站 http://www.ctcwri.idv.tw。

3.《漢語大詞典》（2.0 光碟版），香港：商務印書館（香港）有限公司，2002 年。

4. Monier-Williams, *A Sanskrit-English Dictionary,* Londen: Oxford University Press, 1899.

5. 荻原雲來編纂：《漢訳対照梵和大辞典》（增補改訂版），東京：講談社，昭和五十四年（1979）。

6.《草書大字典》（上海掃葉山房石印本影印）（上中下冊），北京：中國書店，1983 年。

附錄一 黑水城漢文佛教文獻
音序目錄

A 部

B 部

不空成就如來真言、無量壽如來真言等咒語殘片　　　　　北民大黑 5
Or.12380.3921.1（k.k.）

C 部

殘佛經刻本 Or.8212.1249　　　　　　　　　　　　　　　　郭錄黑

殘佛經刻本 Or.8212.1293～1301，1303～1333，1335～1336　郭錄黑

殘佛經碎 Or.8212.1252～1266kkII0260u、262p、254m，　　郭錄黑
269i，0270xx，0274～0280

殘佛經碎片 Or.8212.1271～1286 kkII015　　　　　　　　　郭錄黑

殘佛經碎片 Or.8212.1288～1290 kkII015　　　　　　　　　郭錄黑

殘刻本佛經 Or.8212.1226～1242 kkII0243　　　　　　　　　郭錄黑

殘刻本佛經二片 Or.8212.1225 kkII0242r　　　　　　　　　郭錄黑

禪定施食並神咒 A9.3　　　　　　　　　　　　　　　　　　俄黑 5

禪秘要法經殘頁△M1・1418［F80：W1］　　　　　　　　　中黑 8

懺悔文 TK111V　　　　　　　　　　　　　　　　　　　　俄黑 3

長阿含經第二分弊宿經第三 Дх.11576.3　　　　　　　　　　俄敦 15

長阿含經第四分世記經閻浮提州品第一殘片／《經律異　　　俄敦 10
相》卷二四〈金輪王王化方法三〉Дх.3249

長阿含經第一分典尊經第三 Ф317A　　　　　　　　　　　　俄黑 6

長阿含經第一分遊行經殘片 Дх.9746　　　　　　　　　　　俄敦 14

長阿含經第一分遊行經殘片 Дх.9796　　　　　　　　　　　俄敦 14

長阿含經卷第二十等雜寫 TK274V　　　　　　　　　　　　俄黑 4

常所作儀軌八種不共 Ф221V Ф228V Ф266V 2　　　　　　　俄黑 6

持誦聖佛母般若多心經要門 TK128.2　　　　　　　　　　　俄黑 3

除毒咒召請咒報火咒施食咒 A21V1　　　　　　　　　　　　俄黑 5

慈悲道場懺法卷八殘片△M1・1472［F245：W8］　　　　中黑 8／李刊黑

慈悲道場懺法卷二 M1・1419［F245：W6-2］　　　　　　中黑 8／李刊黑

慈悲道場懺法卷二 M1・1420［F245：W6-1］　　　　　　中黑 8／李刊黑

慈悲道場懺法卷二 TK296V3　　　　　　　　　　　　　　　俄黑 4

慈悲道場懺法卷二殘片 TK296　　　　　　　　　　　　　　俄黑 4

慈悲道場懺法卷九 M1・1421［F245：W6-3］　　　　　　中黑 8／李刊黑

慈悲道場懺法卷九殘頁△M1・1422〔F13：W54〕　　　　中黑 8

慈悲道場懺法卷九殘頁△M1・1423〔F13：W55〕　　　　中黑 8

慈悲道場懺法卷九殘頁 M1・1424〔F6：W70〕　　　　中黑 8／李刊黑

慈悲道場懺法卷六殘片 Or.8212.1294（E）K.K.III.015.s　　郭錄黑／
　　　　　　　　　　　　　　　　　　　　　　　　　　沙刊黑 2

慈悲道場懺法卷七殘片△M1・1387〔F79：W15〕　　　　中黑 8

慈悲道場懺法卷七殘片△M1・1388〔F79：W16〕　　　　中黑 8

慈悲道場懺法卷七殘片 F79：W7▲　　　　　　　　　　李刊黑

慈悲道場懺法卷一殘頁△M1・1398〔F209：W5〕　　　　中黑 8

慈覺禪師勸化集 TK132　　　　　　　　　　　　　　　俄黑 3

慈烏大黑要門 A7　　　　　　　　　　　　　　　　　　俄黑 5

D 部

大般涅槃經迦葉菩薩品殘片 Дx.9241　　　　　　　　　俄敦 14

大般涅槃經迦葉菩薩品殘片 Дx.9225　　　　　　　　　俄敦 14

大般若波羅蜜多經 N°599.-KK.II.0238（k）／Or.8212.0849　馬刊黑
（正面）

大般若波羅蜜多經第十／四百五／四百八十二殘片　　俄敦 14
Дx.8591Дx.8596

大般若波羅蜜多經第四百五／四百八十二殘片 Дx8119　俄敦 14

大般若波羅蜜多經卷第四百八十二殘片 Дx.8595　　　俄敦 14

大般若波羅蜜多經卷第四百八十二殘片 Дx7899　　　　俄敦 14

大般若波羅蜜多經卷第四百七十五 TK279　　　　　　俄黑 4

大般若波羅蜜多經卷第一百九十二 Ф229 Ф241　　　　俄黑 6

大般若波羅蜜多經卷第一百卅八題簽 TK317　　　　　俄黑 5

大般若波羅蜜多經卷第一百四十八殘片 Дx11576 1.　　俄敦 15

大般若波羅蜜多經卷第一九五／二百一殘片 Дx8122　　俄敦 14

大般若波羅蜜多經卷二六三難信解品殘片 Дx11577　　俄敦 15

大般若波羅蜜多經卷首版畫殘片 Дx.11503　　　　　　俄敦 15

大般若關殘片 Дx.10462　　　　　　　　　　　　　　俄敦 14

大悲心陀羅尼啟請 Ф229V Ф241V.2　　　　　　　　　俄黑 6

大方廣佛華嚴經梵行品卷首版畫（手結三昧耶印）TK246　　俄黑 4

大方廣佛華嚴經佛不思議法品殘片△M1·1463［F62：W1］　中黑 8

大方廣佛華嚴經佛不思議法品殘片△M1·1465［F62：W6］　中黑 8

大方廣佛華嚴經佛不思議法品殘片 TK275V　　俄黑 4

大方廣佛華嚴經光明覺品第九殘頁 M1·1414［F14：W13］　中黑 8／李刊黑

大方廣佛華嚴經卷十二殘頁 Дх.11573　　俄敦 15

大方廣佛華嚴經普賢行願品疏序 TK142.1　　俄黑 3

大方廣佛華嚴經普賢行願品 Or.12380.3831.1（K.K.）　　北民大黑 5

大方廣佛華嚴經普賢行願品 Or.12380.3831.2（K.K.）　　北民大黑 5

大方廣佛華嚴經普賢行願品等印施題記 TK142.5　　俄黑 3

大方廣佛華嚴經普賢行願品疏序版畫 TK.142　　俄黑 3

大方廣佛華嚴經入不思議解脫境界普賢行願品 TK147　　俄黑 3

大方廣佛華嚴經入不思議解脫境界普賢行願品 TK161　　俄黑 4

大方廣佛華嚴經入不思議解脫境界普賢行願品 TK243　　俄黑 4

大方廣佛華嚴經入不思議解脫境界普賢行願品 TK258　　俄黑 4

大方廣佛華嚴經入不思議解脫境界普賢行願品 TK296V5　　俄黑 4

大方廣佛華嚴經入不思議解脫境界普賢行願品　　俄黑 6
Инв.No.951A

大方廣佛華嚴經入不思議解脫境界普賢行願品　　北民大黑 3
Or.12380.2735（X.xvii）

大方廣佛華嚴經入不思議解脫境界普賢行願品 TK99　　俄黑 2

大方廣佛華嚴經入不思議解脫境界普賢行願品 TK100　　俄黑 2

大方廣佛華嚴經入不思議解脫境界普賢行願品 TK142.2　　俄黑 3

大方廣佛華嚴經入不思議解脫境界普賢行願品 TK146　　俄黑 3

大方廣佛華嚴經入不思議解脫境界普賢行願品 M1·1403　　中黑 8／李刊黑
［F9：W20-1］

大方廣佛華嚴經入不思議解脫境界普賢行願品 M1·1404　　中黑 8／李刊黑
［F9：W20-2］

大方廣佛華嚴經入不思議解脫境界普賢行願品 M1·1405　　中黑 8／李刊黑
［F9：W20-3］

大方廣佛華嚴經入不思議解脫境界普賢行願品 M1·1406　　中黑 8／李刊黑
［F9：W20-4］

大方廣佛華嚴經入不思議解脫境界普賢行願品 M1·1407　　中黑8／李刊黑
　〔F9：W20-5〕

大方廣佛華嚴經入不思議解脫境界普賢行願品 M1·1408　　中黑8／李刊黑
　〔F9-6〕

大方廣佛華嚴經入不思議解脫境界普賢行願品 TK61　　　俄黑2

大方廣佛華嚴經入不思議解脫境界普賢行願品 TK63A　　俄黑2

大方廣佛華嚴經入不思議解脫境界普賢行願品 TK63AV　俄黑2

大方廣佛華嚴經入不思議解脫境界普賢行願品 TK64　　　俄黑2

大方廣佛華嚴經入不思議解脫境界普賢行願品 TK65　　　俄黑2

大方廣佛華嚴經入不思議解脫境界普賢行願品 TK69　　　俄黑2

大方廣佛華嚴經入不思議解脫境界普賢行願品 TK71　　　俄黑2

大方廣佛華嚴經入不思議解脫境界普賢行願品 TK72　　　俄黑2

大方廣佛華嚴經入不思議解脫境界普賢行願品 TK73　　　俄黑2

大方廣佛華嚴經入不思議解脫境界普賢行願品 TK98　　　俄黑2

大方廣佛華嚴經入不思議解脫境界普賢行願品版畫 TK98　俄黑2

大方廣佛華嚴經入不思議解脫境界普賢行願品版畫 TK61　俄黑2

大方廣佛華嚴經入不思議解脫境界普賢行願品版畫 TK64　俄黑2

大方廣佛華嚴經入不思議解脫境界普賢行願品版畫 TK72　俄黑2

大方廣佛華嚴經入不思議解脫境界普賢行願品版畫（卷　俄黑4
首）TK243

大方廣佛華嚴經入不思議解脫境界普賢行願品殘片△　　中黑8
M1·1461　〔F13：W27〕

大方廣佛華嚴經入不思議解脫境界普賢行願品殘片 M1·　中黑8／李刊黑
1373　〔F218：W1〕

大 方 廣 佛 華 嚴 經 入 法 界 品 殘 片　Or.12380.3132　北民大黑4
（K.K.II.0266.q）

大方廣佛華嚴經十無盡藏品殘頁△M1·1417〔F20：W68〕　中黑8

大方廣佛華嚴經音殘片 Дх.18974　　　　　　　　　　　俄敦17

大方廣佛華嚴經音殘片 Дх.18976　　　　　　　　　　　俄敦17

大方廣佛華嚴經音殘片 Дх.18977　　　　　　　　　　　俄敦17

大方廣佛華嚴經音殘片 Дх.18981　　　　　　　　　　　俄敦17

大方廣佛華嚴經音殘片 Дх.19007　　　　　　　　俄敦 17

大方廣佛華嚴經音殘片 Дх.19010　　　　　　　　俄敦 17

大方廣佛華嚴經音殘片 Дх.19027　　　　　　　　俄敦 17

大方廣佛華嚴經音殘片 Дх.19033　　　　　　　　俄敦 17

大方廣佛華嚴經音殘片 Дх.19052　　　　　　　　俄敦 17

大方廣圓覺修多羅了義經略疏、十子歌 TK303　　俄黑 5

大方廣圓覺修多羅了義經略疏卷上二 TK251　　　俄黑 4

大佛頂白傘蓋心咒 TK137.3　　　　　　　　　　　俄黑 3

大黑長咒 M1・1353 [F191：W103E]　　　　　中黑 8／李刊黑

大黑根本命咒 TK262.2　　　　　　　　　　　　　俄黑 4

大黑求修並作法 B59　　　　　　　　　　　　　　俄黑 6

大黑讚 TK262.4　　　　　　　　　　　　　　　　俄黑 4

大金國陝西路某告冥司許欠往生錢折看經品目牒 A32.7　　俄黑 5

大孔雀明王經 Or.12380.3830.02（K.K.）　　　　北民大黑 5

大孔雀明王經 Or.12380.3830.03（K.K.）　　　　北民大黑 5

大孔雀明王經 Or.12380.3830.04（K.K.）缺　　　北民大黑 5

大孔雀明王經 Or.12380.3830.05（K.K.）缺　　　北民大黑 5

大孔雀明王經 Or.12380.3830.06（K.K.）缺　　　北民大黑 5

大孔雀明王經 Or.12380.3830.07（K.K.）缺　　　北民大黑 5

大孔雀明王經 Or.12380.3830.10（K.K.）缺　　　北民大黑 5

大孔雀明王經 Or.12380.3830.11（K.K.）缺　　　北民大黑 5

大孔雀明王經 Or.12380.3830.12（K.K.）缺　　　北民大黑 5

大孔雀明王經 Or.12380.3830.13（K.K.）缺　　　北民大黑 5

大孔雀明王經 Or.12380.3830.14（K.K.）缺　　　北民大黑 5

大孔雀明王經 Or.12380.3830.15（K.K.）缺　　　北民大黑 5

大孔雀明王經 Or.12380.3830.a1（K.K.）　　　　北民大黑 5

大聖文殊師利菩薩像供養文○TK283　　　　　　　俄黑 4

大聖文殊師利菩薩像供養文○TK289　　　　　　　俄黑 4

大隨求陀羅尼 Инв. No.4270　　　　　　　　　　俄黑 6

大隨求陀羅尼 A20.1　　　　　　　　　　　　　　俄黑 5

大隨求陀羅尼 N°603.—KK.II.0261（r et s）／Or.8212.0853　馬刊黑

大威德熾盛光消災吉祥陀羅尼 Дx.1390　俄黑 6

大威德熾盛光消災吉祥陀羅尼版畫 Дx1390　俄黑 6

大獻樂啟請並真言（讚佛稱讚慈尊）A8.7　俄黑 5

大一切成就母永修儀 Ф362A 2.　俄黑 5

大智度論薩陀波崙品殘片 Or.8212.1339　郭刊黑

殿有情思渴等殘字 TK266P　俄黑 4

端拱二年智堅等往西天取菩薩戒記 B63　俄黑 6

多聞天施食儀軌 Ф222　俄黑 4

多聞天王施食儀 Ф234　俄黑 6

E 部（無）

F 部

發菩提心要略法門（慈覺禪師集）TK323.2　俄黑 5

發願文（仁宗施經）TK304　俄黑 5

法門名義集 Дx.2823　俄黑 6

法苑珠林音義 Or.12380.3374（I.yav.02）　北民大黑 4

法苑珠林摘抄 Ф181.2　俄敦 4

網經殘片 Or.12380.2719（K.K.）　北民大黑 3

梵文陀羅尼曼陀羅殘片 Or.8212／818 K.K.II.0292（j）背　沙刊黑 1

梵文種子字 TK164V　俄黑 4

佛典（杵偈）Дx.19000　俄敦 17

佛頂放無垢光一切如來心陀羅尼經 TK102.1　俄黑 2

佛頂心觀世音菩薩大陀羅尼卷上 TK174.1　俄黑 4

佛頂心觀世音菩薩救難神驗經卷下 TK174.2　俄黑 4

佛頂心陀羅尼經殘片△M1・1469［F197：W14B］　中黑 8

佛頂尊勝陀羅尼經 A9.2　俄黑 5

佛頂尊勝陀羅尼經 TK294　俄黑 4

佛果圜悟禪師碧巖錄 Инв. No.1044　俄黑 6

佛畫扉頁（四菩薩八金剛）Дx11471　俄敦 15

佛畫扉頁 Дx11500	俄敦 15
佛畫扉頁 Дx11501	俄敦 15
佛教文獻殘片 Or.8212.1162	郭錄黑／沙刊黑 2
佛教文獻殘片 Or.8212.1315 K.K.III.022.v 背	郭錄黑／沙刊黑 2
佛教文獻殘頁△M1・1489 ［F22：W14］	中黑 8
佛教文獻殘頁△M1・1490 ［F1：W8］	中黑 8
佛教文獻碎片 TK296V7	俄黑 4
佛經版畫 TK278.3	俄黑 4
佛經殘片 Or.8212.1212～1214kkII0299ww	郭錄黑
佛經殘片 Or.8212.1215～1218 kkII0238、0236、0239 等	郭錄黑
佛經殘頁△M1・1383	中黑 8
佛經殘頁△M1・1384 ［F13：W1］	中黑 8
佛經殘頁△M1・1386 ［F13：W7］	中黑 8
佛經殘頁△M1・1390 ［F21：W1］	中黑 8
佛經殘頁△M1・1391 ［F20：W5］	中黑 8
佛經殘頁△M1・1392 ［F211：W1］	中黑 8
佛經殘頁△M1・1399 ［F209：W6］	中黑 8
佛經殘頁△M1・1400 ［F209：W7］	中黑 8
佛經殘頁△M1・1455 ［84H・F197：W52／2255］	中黑 8
佛經殘頁△M1・1474 ［F79：W7］	中黑 8
佛經殘頁△M1・1475 ［F79：W19］	中黑 8
佛經殘頁△M1・1476 ［F197：W3］	中黑 8
佛經殘頁△M1・1478	中黑 8
佛經殘頁△M1・1479 ［F6：W80］	中黑 8
佛經殘頁 M1・1380 ［F14：W11］	中黑 8／李刊黑
佛經殘頁 M1・1480 ［F14：W12］	中黑 8／李刊黑
佛經論釋 TK220	俄黑 4
佛名經 Инв..No.1366D	俄黑 6
佛名經 TK48P	俄黑 2

佛母大孔雀明王經殘頁△M1‧1438［F73：W1］	中黑 8
佛母大孔雀明王經殘頁△M1‧1439［F73：W2］	中黑 8
佛母大孔雀明王經殘頁△M1‧1439［F73：W3］	中黑 8
佛母大孔雀明王經殘頁△M1‧1441［F73：W4］	中黑 8
佛母大孔雀明王經殘頁△M1‧1442［F73：W5］	中黑 8
佛母大孔雀明王經殘頁△M1‧1443［F73：W6］	中黑 8
佛母大孔雀明王經殘頁△M1‧1444［F73：W10］	中黑 8
佛母大孔雀明王經殘頁△M1‧1445［F73：W9］	中黑 8
佛母大孔雀明王經殘頁△M1‧1446［F73：W7］	中黑 8
佛母大孔雀明王經殘頁△M1‧1447［F73：W8］	中黑 8
佛母大孔雀明王經殘頁△M1‧1448［F73：W11］	中黑 8
佛母大孔雀明王經卷下 TK306	俄黑 5
佛說阿彌陀經 TK109	俄黑 3
佛說阿彌陀經 TK110	俄黑 3
佛說阿彌陀經 TK111	俄黑 3
佛說阿彌陀經 TK176	俄黑 4
佛說阿彌陀經 TK108	俄黑 3
佛說阿彌陀經版畫 TK176	俄黑 4
佛說般若波羅蜜多心經 TK189	俄黑 4
佛說般若波羅蜜多心經 TK21.2	俄黑 2
佛說般若波羅蜜多心經 TK25.1	俄黑 2
佛說般若波羅蜜多心經 TK25.1	俄黑 2
佛說般若波羅蜜多心經版畫 TK21	俄黑 2
佛說阿彌陀經 TK109	俄黑 3
佛說報父母恩重經 TK119	俄黑 3
佛說長阿含經第四分世記經阿須倫品第六 TK274	俄黑 4
佛說長阿含經第四份世紀經阿須倫品卷首護法神王版畫 TK274	俄黑 4
佛說長阿含經護法神王佛經版畫殘片 Дx11472A.B	俄敦 15
佛說大白傘蓋總持陀羅尼經 M1‧1354［F9：W38］	中黑 8／李刊黑
佛說大白傘蓋總持陀羅尼經 M1‧1355［F13：W15-1］	中黑 8／李刊黑

佛說大白傘蓋總持陀羅尼經 M1・1356［F13：W15-2］　　　中黑 8／李刊黑

佛說大白傘蓋總持陀羅尼經 M1・1357［F13：W15-3］　　　中黑 8／李刊黑

佛說大白傘蓋總持陀羅尼經 M1・1358［F13：W15-4］　　　中黑 8／李刊黑

佛說大白傘蓋總持陀羅尼經 M1・1359［F13：W15-5］　　　中黑 8／李刊黑

佛說大白傘蓋總持陀羅尼經 M1・1360［F13：W15-6］　　　中黑 8／李刊黑

佛說大白傘蓋總持陀羅尼經 M1・1361［F13：W15-7］　　　中黑 8／李刊黑

佛說大白傘蓋總持陀羅尼經 M1・1362［F13：W15-8］　　　中黑 8／李刊黑

佛說大白傘蓋總持陀羅尼經 M1・1363［F13：W15-9］　　　中黑 8／李刊黑

佛說大白傘蓋總持陀羅尼經 M1・1364［F13：W15-10］　　中黑 8／李刊黑

佛說大白傘蓋總持陀羅尼經 M1・1365［F13：W15-11］　　中黑 8／李刊黑

佛說大白傘蓋總持陀羅尼經殘片△M1・1393［F13：W8］　　中黑 8／李刊黑

佛說大白傘蓋總持陀羅尼經殘片△M1・1462［F13：W16-1］中黑 8／李刊黑

佛說大白傘蓋總持陀羅尼經殘片△M1・1471［F13：W16-2］中黑 8／李刊黑

佛說大白傘蓋總持陀羅尼經殘片 F9：W36▲　　　　　　　李刊黑

佛說大白傘蓋總持陀羅尼經殘頁△M1・1394［F209：W8］　中黑 8

佛說大白傘蓋總持陀羅尼經殘頁△M1・1395［F209：W10］中黑 8

佛說大白傘蓋總持陀羅尼經殘頁△M1・1396［F209：W12］中黑 8

佛說大白傘蓋總持陀羅尼經殘頁△M1・1397［F210：W12］中黑 8

佛說大白傘蓋總持陀羅尼經殘頁 M1・1381［F209：W9］　中黑 8／李刊黑

佛說大乘聖無量壽決定光明王如來陀羅尼經 Or.12380.2722　北民大黑 3
（K.K.）

佛說大乘聖無量壽決定光明王如來陀羅尼經 Or.12380.2725　北民大黑 3
（K.K.）

佛說大乘聖無量壽決定光明王如來陀羅尼經版畫 TK76　　俄黑 2

佛說大乘聖無量壽決定光明王如來陀羅尼經殘片　　　　　北民大黑 1
Or.12380.0686（K.K.）

佛說大乘聖無量壽決定光明王如來陀羅尼經殘片　　　　　北民大黑 1
Or.12380.0610（K.K.II.0230.aa）

佛說大乘聖無量壽決定光明王如來陀羅尼經殘片 Дx.11504　俄敦 15

佛說大乘聖無量壽決定光明王如來陀羅尼經殘頁△M1・　中黑 8
1449［F13：W36］

佛說大乘聖無量壽決定光明王如來陀羅尼經卷末版畫　俄黑 2
TK21.1

佛說大乘聖無量壽決定光明王如來陀羅尼經卷首版畫　俄黑 2
TK21.1

佛說大乘無量壽決定光明王如來陀羅尼經 TK24　　　俄黑 2

佛說大乘無量壽決定光明王如來陀羅尼經 TK21.1　　俄黑 2

佛說大乘無量壽決定光明王如來陀羅尼經 TK22　　　俄黑 2

佛說大乘無量壽決定光明王如來陀羅尼經 TK23　　　俄黑 2

佛說大乘無量壽決定光明王如來陀羅尼經 TK76　　　俄黑 2

佛說父母恩重經 TK120　　　　　　　　　　　　　　俄黑 3

佛說父母恩重經 TK139　　　　　　　　　　　　　　俄黑 3

佛說父母恩重經 TK240　　　　　　　　　　　　　　俄黑 4

佛說父母恩重經版畫 TK119　　　　　　　　　　　　俄黑 3

佛說父母恩重經版畫 TK139　　　　　　　　　　　　俄黑 3

佛說高王觀世音經 TK70　　　　　　　　　　　　　　俄黑 2

佛說觀彌勒菩薩上兜率天經殘頁△M1・1464［F21：W2］　中黑 8

佛說觀彌勒菩薩上生兜率天經殘片 Or.12380.3554（K.K.）　北民大黑 4

佛說觀彌勒菩薩上生兜率天經殘片 Дх.6306　　　　　俄敦 13

佛說觀彌勒菩薩上生兜率天經殘片 Дх.6307　　　　　俄敦 13

佛說觀彌勒菩薩上生兜率天經殘片 Дх.6308　　　　　俄敦 13

佛說觀彌勒菩薩上生兜率天經殘片 Дх.6309　　　　　俄敦 13

佛說觀彌勒菩薩上生兜率天經殘片 Дх.6310　　　　　俄敦 13

佛說觀彌勒菩薩上生兜率天經殘片 Дх.6311　　　　　俄敦 13

佛說觀彌勒菩薩上生兜率天經殘片 Дх.6313　　　　　俄敦 13

佛說觀彌勒菩薩上生兜率天經殘片 Дх.6314　　　　　俄敦 13

佛說觀彌勒菩薩上生兜率天經殘片 Дх.6318　　　　　俄敦 13

佛說觀彌勒菩薩上生兜率天經殘片 Дх.6319　　　　　俄敦 13

佛說觀彌勒菩薩上生兜率天經卷首版畫 Дх.11580　　俄敦 15

佛說觀世音經 TK92　　　　　　　　　　　　　　　　俄黑 2

佛說觀世音經 TK171　　　　　　　　　　　　　　　俄黑 4

佛說護淨經 TK326.4　　　　　　　　　　　　　　　俄黑 5

佛說金輪佛頂大威德熾盛光如來陀羅尼經 TK129	俄黑 3
佛說金輪佛頂大威德熾盛光如來陀羅尼經 TK130	俄黑 3
佛說金輪佛頂大威德熾盛光如來陀羅尼經 TK131	俄黑 3
佛說金輪佛頂大威德熾盛光如來陀羅尼經殘頁△M1・1459 〔F9：W41〕	中黑 8
佛說金輪佛頂大威德熾盛光如來陀羅尼經殘頁 M1・1456 〔F13：W28-1〕	中黑 8／李刊黑
佛說金輪佛頂大威德熾盛光如來陀羅尼經殘頁 M1・1457 〔F13：W28-3〕	中黑 8／李刊黑
佛說金輪佛頂大威德熾盛光如來陀羅尼經殘頁 M1・1458 〔F13：W28-2〕	中黑 8／李刊黑
佛說菩薩本行經 TK326.2	俄黑 5
佛說普遍光明焰鬘清淨熾盛思惟如意寶印心無能勝總持 大明王大隨求陀羅尼 TK103	俄黑 2
佛說普遍光明焰鬘清淨熾盛思惟如意寶印心無能勝總持 大明王大隨求陀羅尼 TK107	俄黑 3
佛說三十五佛名經（勘同大寶積經優波離會第二十四） TK140 Дх.1336	俄黑 3
佛說三十五佛名經（勘同大寶積經優波離會第二十四） TK245	俄黑 4
佛說三十五佛名經 Or.12380.3840（K.K.）	北民大黑 5
佛說三十五佛名經版畫 Дx1336（TK140）	俄黑 3
佛說聖大乘三歸依經 TK121	俄黑 3
佛說聖大乘三歸依經 TK122	俄黑 3
佛說聖大乘三歸依經殘片 Or.12380-3498（k.k.II.0282.b.iii）	北民大黑 4
佛說聖大乘三歸依經之御製發願文殘片 Or.12380-2736 （k.k.）	北民大黑 3
佛說聖佛母般若波羅蜜多心經版畫 TK128	俄黑 3
佛說聖母般若波羅蜜多心經 TK128.1	俄黑 3
佛說聖無量壽王并多心經 N°606.─KK.II.0233（rrr）／ Or.8212.0854	馬刊黑
佛說守護大千國土經殘片△M1・1477〔F209：W11〕	中黑 8
佛說壽生經 A32.5	俄黑 5

聖大乘勝意菩薩經 TK145　　　　　　　　　　　俄黑 3

佛說天地八陽神咒經 TK152　　　　　　　　　　俄黑 3

佛說天地八陽神咒經殘片 Or.12380.3921.2～6（K.K.）　北民大黑 5

佛說無常經 TK137.2　　　　　　　　　　　　　俄黑 3

佛說無常經 TK323.1　　　　　　　　　　　　　俄黑 5

佛說無常經卷首釋迦佛說法版畫 TK137.2　　　　俄黑 3

佛說延壽命經 TK257　　　　　　　　　　　　　俄黑 4

佛說業報差別經 TK137.1　　　　　　　　　　　俄黑 3

佛說業報差別經卷首版畫 TK137.1　　　　　　　俄黑 3

佛說竺蘭陀心文經 Φ337　　　　　　　　　　　　俄黑 6

佛說轉女身經變相版畫 TK8　　　　　　　　　　俄黑 1

佛說轉女身經一卷 TK12　　　　　　　　　　　　俄黑 1

佛說轉女身經一卷 TK13　　　　　　　　　　　　俄黑 1

佛說轉女身經一卷 TK8　　　　　　　　　　　　俄黑 1

佛像（阿閦佛）MI·1491［F13：W61］　　　　　中黑 8

佛像（釋迦佛）MI·1492［F13：W60］　　　　　中黑 8

佛像（釋迦佛／說法印）MI·1493［F210：W2］　中黑 8

佛像（說法）MI·1495［F210：W1］　　　　　　中黑 8

佛眼母儀軌 A13　　　　　　　　　　　　　　　俄黑 5

佛印禪師心王戰六賊出輪回表 A20V14　　　　　俄黑 5

佛印禪師心王戰六賊出輪回表殘片 TK272　　　　俄黑 4

佛在鹿野苑說法圖版畫○Дx3143　　　　　　　　俄黑 6

G 部

觀彌勒菩薩上生兜率天經 TK58　　　　　　　　俄黑 2

觀彌勒菩薩上生兜率天經 TK60　　　　　　　　俄黑 2

甘露中流中有身要門 A16　　　　　　　　　　　俄黑 5

高王觀世音經 TK117　　　　　　　　　　　　　俄黑 3

高王觀世音經 TK118　　　　　　　　　　　　　俄黑 3

高王觀世音經 TK183　　　　　　　　　　　　　俄黑 4

高王觀世音經版畫 TK117　　　　　　　　　　　俄黑 3

功德山陀羅尼 TK21.3	俄黑 2
功德山陀羅尼 TK25.2	俄黑 2
供養偈 A6V1	俄黑 5
供養陀羅尼 A21.5	俄黑 5
觀彌勒菩薩上生兜率天經 TK17P1	俄黑 1
觀彌勒菩薩上生兜率天經 TK81 TK82 TK83	俄黑 2
觀彌勒菩薩上生兜率天經 TK86	俄黑 2
觀彌勒菩薩上生兜率天經 TK87	俄黑 2
觀彌勒菩薩上生兜率天經版畫 TK81、TK82、TK83	俄黑 2
觀彌勒菩薩上生兜率天經版畫 TK58	俄黑 2
觀彌勒菩薩上生兜率天經殘卷 Дx.11578	俄敦 15
觀世音經稱頌文 Or.8212.1223 無編號	郭刊黑
觀無量壽經甘露疏 N°600.—KK.II.0281(a).(xl)／Or.8212.0850	馬刊黑
觀無量壽佛經甘露疏科文 TK148	俄黑 3
觀自在菩薩六字大明心咒 TK102.2	俄黑 2
光定八年請濱（賓）頭廬尊者疏 A8V1	俄黑 5
廣大發願頌（龍樹菩薩造）TK324	俄黑 5
廣大發願頌 Or.12380.3630（K.K.）	北民大黑 4
廣大發願頌 Or.12380.3878（K.K.）	北民大黑 5
廣大發願頌殘片 Or.12380.2369（K.K.）	北民大黑 3
廣大發願頌殘文 Or.8212／1208［K.K.I.ii.02z］	郭錄黑／ 沙刊黑 2

H 部

漢文梵文陀羅尼 Or.12380.3500（K.K.II.0293.a）	北民大黑 4
漢文佛教刻本 Дx.11576.5	俄敦 15
漢文佛教文獻 Or.12380.0080aRV（K.K.II.0283）	北民大黑 1
漢文佛教文獻殘片 TK295	俄黑 4
漢文佛經 Or.12380.0320h（K.K.II.0285）	北民大黑 1
漢文佛經 Or.12380.0425（K.K.II.0285.a.xxviii）	北民大黑 1
漢文佛經 Or.12380.0477（K.K.）	北民大黑 1

漢文佛經 Or.12380.0532a（K.K.II.0243.w）	北民大黑 1
漢文佛經 Or.12380.0532b（K.K.II.0243w）	北民大黑 1
漢文佛經 Or.12380.0599V（K.K.）缺	北民大黑 1
漢文佛經 Or.12380.2659（K.K.II.0237.b）	北民大黑 3
漢文佛經 Or.12380.2720（K.K.）	北民大黑 3
漢文佛經 Or.12380.2723（K.K.）	北民大黑 3
漢文佛經 Or.12380.2724（K.K.）	北民大黑 3
漢文佛經 Or.12380.2727（K.K.）	北民大黑 3
漢文佛經 Or.12380.3174.1（K.K.）	北民大黑 4
漢文佛經 Or.12380.3541（K.K.II.0275.iii）	北民大黑 4
漢文佛經 Or.12380.3628（K.K.）	北民大黑 4
漢文佛經 Or.12380.3779.6（K.K.）	北民大黑 5
漢文佛經 Or.12380.3819（K.K.）	北民大黑 5
漢文佛經 Or.12380.3915.1（K.K.）	北民大黑 5
漢文佛經 Or.12380.3915.4（K.K.）	北民大黑 5
漢文佛經 Or.12380.3915.5（K.K.）	北民大黑 5
漢文佛經 Or.12380.3921.5V（K.K.）	北民大黑 5
漢文佛經經疏 Or.12380.0181（K.K.）	北民大黑 1
漢文佛經科文 Or.12380.2370（K.K.III.022.d）	北民大黑 3
漢文陀羅尼 Or.12380.2350（K.K.II.0279.ww）	北民大黑 3
漢文陀羅尼 Or.12380.0627（K.K.）	北民大黑 1
漢文咒語殘片 M1・1412［F13：W17-4］	中黑 8
黑色天母求修次第儀 Φ315	俄黑 6
護法神版畫○TK277	俄黑 4
護法神王像 Дx11572	俄敦 15
護法神王像 Дx11576	俄敦 15
護法天王像○Φ308A	俄黑 6
護國三寶偈 A4	俄黑 5
華嚴感通靈驗傳記 TK161	俄黑 4
華嚴感通靈驗傳記 TK61	俄黑 2

華嚴感通靈驗傳記 TK64　　　　　　　　　　　　　　　俄黑 2

華嚴感通靈驗傳記 TK65　　　　　　　　　　　　　　　俄黑 2

華嚴感通靈驗傳記 TK69　　　　　　　　　　　　　　　俄黑 2

華嚴感通靈驗傳記 TK71V　　　　　　　　　　　　　　俄黑 2

華嚴感通靈驗傳記 TK72　　　　　　　　　　　　　　　俄黑 2

華嚴感通靈驗傳記刻本殘片 Or.8212.1242 K.K.II. 0244.a.xxiv　　郭 錄 黑 ／
　　　　　　　　　　　　　　　　　　　　　　　　　沙刊黑 2

華嚴經音義 TK296V6　　　　　　　　　　　　　　　　俄黑 4

華嚴經疏鈔玄談（大方廣佛華嚴經演義鈔）殘片△M3‧0012　中黑 8
　［AE185 Zhi24］

華嚴三聖版畫○Дx8270　　　　　　　　　　　　　　　俄黑 6

華嚴三聖版畫 B57A　　　　　　　　　　　　　　　　　俄黑 6

慧琳音義卷五十八殘片 Or.12380.917.5（k.k.）　　　　　　北民大黑 5

J 部

吉祥持大輪寶蓮花瓶修習儀軌殘頁 M1‧1374［F19：　　　中黑 8／
W5-1］　　　　　　　　　　　　　　　　　　　　　　李刊黑

吉祥持大輪寶蓮花瓶修習儀軌殘頁 M1‧1375［F19：　　　中黑 8／
W5-2］　　　　　　　　　　　　　　　　　　　　　　李刊黑

吉祥持大輪寶蓮花瓶修習儀軌殘頁 M1‧1376［F19：　　　中黑 8／
W5-3］　　　　　　　　　　　　　　　　　　　　　　李刊黑

吉祥大黑八足贊 M1‧1351［F191：W103C］　　　　　　中黑 8／
　　　　　　　　　　　　　　　　　　　　　　　　　李刊黑

吉祥大黑修法 M1‧1349［F191：W103A］　　　　　　　中黑 8／
　　　　　　　　　　　　　　　　　　　　　　　　　李刊黑

吉祥金剛手燒壇儀 A21.3　　　　　　　　　　　　　　　俄黑 5

集輪法事 B64.1　　　　　　　　　　　　　　　　　　　俄黑 6

夾頌心經一卷 TK158　　　　　　　　　　　　　　　　　俄黑 4

夾頌心經一卷 TK159　　　　　　　　　　　　　　　　　俄黑 4

建置曼挐羅真言集 TK153 B60　　　　　　　　　　　　　俄黑 3

講唱文 Or.12380.3921V.1-.3（K.K）　　　　　　　　　　北民大黑 5

金剛般若波羅蜜多經 N°578.—KK.II.0290（t）.（1-4）／　　馬刊黑
Or.8212.0828

金剛般若波羅蜜多經 N°579.—KK.II.0290（t）／Or.8212.0829　　馬刊黑

金剛般若波羅蜜多經 N°580.—KK.II.0258（u）／Or.8212.0830　　馬刊黑

金剛般若波羅蜜多經 N°581.—KK.II.0269（i）／Or.8212.0831　　馬刊黑

金剛般若波羅蜜多經 N°582.—KK.II.0233（zzz）.（i et ii）.／　　馬刊黑
Or.8212.0832

金剛般若波羅蜜多經 N°583.—KK.II.0239（zz）／Or.8212.0833　　馬刊黑

金剛般若波羅蜜多經 N°587.—KK.III.016（a）（i-iv）／　　馬刊黑
Or.8212.0837

金剛般若波羅蜜多經 N°588.—KK.III.022（u）（1），（2）.（y）／　　馬刊黑
Or.8212.0838

金剛般若波羅蜜多經 N°589.—KK.III.023（a）（i，ii，iii）.（iv）　　馬刊黑
／Or.8212.0839

金剛般若波羅蜜多經 N°590.—KK.III.022（t）／　　馬刊黑
Or.8212.0840

金剛般若波羅蜜多經 N°591.—KK.III.020（u et v^1）／　　馬刊黑
Or.8212.0841

金剛般若波羅蜜多經 N°592.—KK.III.020（v）／　　馬刊黑
Or.8212.0842

金剛般若波羅蜜多經 N°593.—KK.III.021（rr）et 024（x^1）／　　馬刊黑
Or.8212.0843

金剛般若波羅蜜多經 N°594.—KK.III.024（x^2，x^3，x^4，x^5）／　　馬刊黑
Or.8212.0844

金剛般若波羅蜜多經 Or.8212.1202 kkI0231dd　　郭刊黑

金剛般若波羅蜜經 A20V17　　俄黑 5

金剛般若波羅蜜經 TK101　　俄黑 2

金剛般若波羅蜜經 TK104　　俄黑 2

金剛般若波羅蜜經 TK106　　俄黑 3

金剛般若波羅蜜經 TK112　　俄黑 3

金剛般若波羅蜜經 TK115　　俄黑 3

金剛般若波羅蜜經 TK124　　俄黑 3

金剛般若波羅蜜經 TK125　　俄黑 3

金剛般若波羅蜜經 TK14　　俄黑 1

金剛般若波羅蜜經 TK16　　俄黑 1

金剛般若波羅蜜經 TK17　　　　　　　　　　　　　俄黑 1

金剛般若波羅蜜經 TK178　　　　　　　　　　　　俄黑 4

金剛般若波羅蜜經 TK18　　　　　　　　　　　　　俄黑 1

金剛般若波羅蜜經 TK180　　　　　　　　　　　　俄黑 4

金剛般若波羅蜜經 TK181　　　　　　　　　　　　俄黑 4

金剛般若波羅蜜經 TK182　　　　　　　　　　　　俄黑 4

金剛般若波羅蜜經 TK20　　　　　　　　　　　　　俄黑 1

金剛般若波羅蜜經 TK26　　　　　　　　　　　　　俄黑 2

金剛般若波羅蜜經 TK27　　　　　　　　　　　　　俄黑 2

金剛般若波羅蜜經 TK28　　　　　　　　　　　　　俄黑 2

金剛般若波羅蜜經 TK29　　　　　　　　　　　　　俄黑 2

金剛般若波羅蜜經 TK30　　　　　　　　　　　　　俄黑 2

金剛般若波羅蜜經 TK42　　　　　　　　　　　　　俄黑 2

金剛般若波羅蜜經 TK44　　　　　　　　　　　　　俄黑 2

金剛般若波羅蜜經 TK45　　　　　　　　　　　　　俄黑 2

金剛般若波羅蜜經 TK46　　　　　　　　　　　　　俄黑 2

金剛般若波羅蜜經 TK48　　　　　　　　　　　　　俄黑 2

金剛般若波羅蜜經 TK49　　　　　　　　　　　　　俄黑 2

金剛般若波羅蜜經 TK52　　　　　　　　　　　　　俄黑 2

金剛般若波羅蜜經 TK54　　　　　　　　　　　　　俄黑 2

金剛般若波羅蜜經 TK57　　　　　　　　　　　　　俄黑 2

金剛般若波羅蜜經△M1・1429［F13：W51］　　　中黑 8

金剛般若波羅蜜經 Or.12380.3733（K.K.II.0281.a.xxiv）　北民大黑 5

金剛般若波羅蜜經 TK179　　　　　　　　　　　　俄黑 4

金剛般若波羅蜜經 TK39.1　　　　　　　　　　　　俄黑 2

金剛般若波羅蜜經 Дx.3176　　　　　　　　　　　　俄敦 10

金剛般若波羅蜜經版畫 TK124　　　　　　　　　　俄黑 3

金剛般若波羅蜜經版畫 TK14　　　　　　　　　　　俄黑 1

金剛般若波羅蜜經版畫 TK17　　　　　　　　　　　俄黑 1

金剛般若波羅蜜經版畫 TK179　　　　　　　　　　俄黑 4

金剛般若波羅蜜經版畫 TK18　　　　　　　　　　　俄黑 1

金剛亥母修法殘片 Or.8212.1270 K.K.II.0282.b（ⅱ）　　　郭刊黑／
　　　　　　　　　　　　　　　　　　　　　　　　　　沙刊黑 2

金剛亥母修習儀 Ф249、Ф327　　　　　　　　　　　　　俄黑 6

金剛亥母自攝授要門 Инв. No.274.2　　　　　　　　　　俄黑 6

金剛劑門 TK287　　　　　　　　　　　　　　　　　　　俄黑 4

金剛經 Or.12380.3831.5（K.K.）　　　　　　　　　　　北民大黑 5

金剛經 Or.12380.3831.6（K.K.）　　　　　　　　　　　北民大黑 5

金剛經 TK64V　　　　　　　　　　　　　　　　　　　　俄黑 2

金剛經等 TK63B　　　　　　　　　　　　　　　　　　　俄黑 2

金剛經卷首版畫 Дx.11581　　　　　　　　　　　　　　俄敦 15

金剛經科儀殘片 M1・1426［F209：W13-1］　　　　　中黑 8／
　　　　　　　　　　　　　　　　　　　　　　　　　　李刊黑

金剛經科儀殘片 M1・1427［F209：W13-2］　　　　　中黑 8／
　　　　　　　　　　　　　　　　　　　　　　　　　　李刊黑

金剛經科儀殘片 TK296V2　　　　　　　　　　　　　　俄黑 4

金剛經無為福勝分第十一 Or.12380.3834（K.K.）　　　北民大黑 5

金剛索菩薩版畫 M1・1460［F280：W101］　　　　　　中黑 8／
　　　　　　　　　　　　　　　　　　　　　　　　　　李刊黑

金剛修習母究竟儀 Инв. No.274.3　　　　　　　　　　　俄黑 6

金剛修習母攝授瓶儀 Инв. No.274.5　　　　　　　　　　俄黑 6

金光明最勝王經如來壽量品殘頁 Дx.18990 正面　　　　俄敦 17

金光明最勝王經善生王品第二十一殘頁 Ф335　　　　　俄黑 6

金光明最勝王經善生王品第二十一 Дx1447　　　　　　俄黑 6

金光明最勝王經諸天藥叉護持品第二十二殘頁 M1・1434　中黑 8／
　［F13：W49］　　　　　　　　　　　　　　　　　　李刊黑

金光明最勝王經序品殘片△M1・1468［F13：W44］　　中黑 8

金 光 明 最 勝 王 經 如 來 壽 量 品 第 二　Or.12380.3507V　北民大黑 4
（K.K.II.0228.n）

景德傳燈錄 N°599.—KK.II.0238（k）／Or.8212.0849（反面）　馬刊黑／
　　　　　　　　　　　　　　　　　　　　　　　　　　沙刊黑 1

景德傳燈錄卷第十一 Ф229V Ф241V.1　　　　　　　　　俄黑 6

究竟一乘圓通心要（通理大师集）A6V4　　　　　　　　俄黑 5

九頂尊滅惡趣燒施儀殘頁 M1・1368［F13：W12］　　　　中黑 8／
　　　　　　　　　　　　　　　　　　　　　　　　　　李刊黑

九事顯發光明義等 TK285　　　　　　　　　　　　　　　俄黑 4

俱舍論本頌分別定品殘片 M1・1416［F20：W2］△　　　中黑 8

蠲罪禱祉文 M1・1466［F9：W4］△　　　　　　　　　中黑 8

K 部

開啟文（讚佛稱讚慈尊）A8V2　　　　　　　　　　　　俄黑 5

刻本佛經 Дх.2875　　　　　　　　　　　　　　　　　俄敦 10

刻本佛經 Дх.7221　　　　　　　　　　　　　　　　　俄敦 13

刻本佛經 Дх.7898　　　　　　　　　　　　　　　　　俄敦 13

刻本佛經 Дх.9218　　　　　　　　　　　　　　　　　俄敦 14

刻本佛經 Дх.9222、Дх.9230　　　　　　　　　　　　俄敦 14

刻本佛經 Дх.9240（Дх.9177）　　　　　　　　　　　俄敦 14

刻本佛像（眾菩薩）○Дх9108　　　　　　　　　　　　俄敦 14

L 部

禮佛文 TK250　　　　　　　　　　　　　　　　　　　俄黑 4

禮佛文 TK250V　　　　　　　　　　　　　　　　　　俄黑 4

禮佛文 Дх.1445　　　　　　　　　　　　　　　　　　俄黑 6

禮佛儀軌 TK284　　　　　　　　　　　　　　　　　　俄黑 4

立志銘心誠（通理恒策）A26.1　　　　　　　　　　　俄黑 5

立志銘心誠（通理恒策）TK134　　　　　　　　　　　俄黑 3

梁朝傅大士頌金剛經 TK178V　　　　　　　　　　　　俄黑 4

梁朝傅大士頌金剛經殘片 N°584.—KK.II.0243（cc）.（i²）／　馬刊黑
Or.8212.0834

梁朝傅大士頌金剛經殘片 N°585.—KK.II.0243（cc）.（i³）／　馬刊黑
Or.8212.0835

梁朝傅大士頌金剛經殘片 N°586.—KK.II.0243（cc）.（i¹）／　馬刊黑
Or.8212.0836

梁武懺 A32.2　　　　　　　　　　　　　　　　　　　俄黑 5

六字大明王功德略 TK136　　　　　　　　　　　　　　俄黑 3

龍論第二上半（《釋摩訶衍論》集注）TK80.2　　　　俄黑 2
龍論第一下半（《釋摩訶衍論》集注）TK79.2　　　　俄黑 2

M 部

曼荼羅 TK262.3　　　　俄黑 4

曼陀羅 A8　　　　俄黑 5

夢幻身要門 A15　　　　俄黑 5

彌勒菩薩懺儀（讚佛稱讚慈尊）A8.1　　　　俄黑 5

彌勒菩薩懺儀 Or.12380.3823（K.K.）　　　　俄黑 5

彌勒上生經講經文 TK267　　　　俄黑 4

彌勒讚　歸依偈 A8V4　　　　俄黑 5

密教法本殘片 TK191　　　　俄黑 4

密教法本殘片 TK218　　　　俄黑 4

密教法本殘片 TK283V　　　　俄黑 4

密教念誦集 A11　　　　俄黑 5

密教修習法本殘片 Or.12380.2726（K.K.）　　　　北民大黑 3

密教儀軌 TK163　　　　俄黑 4

密教儀軌 TK259　　　　俄黑 4

密教儀軌 TK266　　　　俄黑 4

密教儀軌 TK286　　　　俄黑 4

密教儀軌 Инв. No.272　　　　俄黑 6

密教咒語 A3　　　　俄黑 5

密咒圓因往生集錄 TK271　　　　俄黑 4

密宗修法殘頁 M1・1378［F9：W13］　　　　中黑 8／李刊黑

免墮餓鬼燒施救度文 M1・1370［F13：W3-1］　　　　中黑 8／李刊黑

免墮餓鬼燒施救度文 M1・1371［F13：W3-2］　　　　中黑 8／李刊黑

妙法蓮法經安樂行品第十四 TK325　　　　俄黑 5

妙法蓮法經提婆達多品第十二 B57B　　　　俄黑 6

妙法蓮華經 N°572.—KK.II.0276（hhh）／Or.8212.0822　　　　馬刊黑

妙法蓮華經 N°573.—KK.I.ii.02（y）／Or.8212.0823　　　　馬刊黑

妙法蓮華經方便品第二偈語 TK41.2　　　　俄黑 2

妙法蓮華經觀世音菩薩普門品 Or.12380.3490（K.K.）	北民大黑 4
妙法蓮華經觀世音菩薩普門品 Or.12380.3829（K.K.）	北民大黑 5
妙法蓮華經觀世音菩薩普門品 Or.12380.3831.3（K.K.）	北民大黑 5
妙法蓮華經觀世音菩薩普門品殘頁 M1·1379［F13：W4］	中黑 8／李刊黑
妙法蓮華經觀世音菩薩普門品第二十五 TK156	俄黑 3
妙法蓮華經觀世音菩薩普門品第二十五 TK167	俄黑 4
妙法蓮華經觀世音菩薩普門品第二十五 TK168	俄黑 4
妙法蓮華經觀世音菩薩普門品第二十五 TK169	俄黑 4
妙法蓮華經觀世音菩薩普門品第二十五 TK170	俄黑 4
妙法蓮華經觀世音菩薩普門品第二十五 TK175	俄黑 4
妙法蓮華經觀世音菩薩普門品第二十五 TK177	俄黑 4
妙法蓮華經觀世音菩薩普門品第二十五 TK105 TK113	俄黑 2
妙法蓮華經觀世音菩薩普門品第二十五 TK138	俄黑 3
妙法蓮華經觀世音菩薩普門品第二十五 TK154	俄黑 3
妙法蓮華經觀世音菩薩普門品第二十五 TK155	俄黑 3
妙法蓮華經觀世音菩薩普門品第二十五 TK90	俄黑 2
妙法蓮華經觀世音菩薩普門品第二十五 Or.12380.0320iRV（K.K.II.0285）	北民大黑 1
妙法蓮華經觀世音菩薩普門品第二十五 Or.12380.0320j（K.K.II.0285）	北民大黑 1
妙法蓮華經觀世音菩薩普門品第二十五殘片☆xix4.12-3-4	國圖黑
妙法蓮華經觀世音菩薩普門品第二十五卷首版畫 TK90	俄黑 2
妙法蓮華經化城喻品 Or.12380.3831.4（K.K.）	北民大黑 5
妙法蓮華經卷第二 TK15	俄黑 1
妙法蓮華經卷第二 TK2	俄黑 1
妙法蓮華經卷第二卷首版畫 TK15	俄黑 1
妙法蓮華經卷第六 TK10	俄黑 1
妙法蓮華經卷第六卷首版畫 TK10	俄黑 1
妙法蓮華經卷第七 TK11	俄黑 1
妙法蓮華經卷第七卷首版畫 TK11	俄黑 1
妙法蓮華經卷第三 B54	俄黑 6

妙法蓮華經卷第三 B55　　　　　　　　　　　俄黑 6

妙法蓮華經卷第三 TK3　　　　　　　　　　　俄黑 1

妙法蓮華經卷第三卷首版畫 TK3　　　　　　　俄黑 1

妙法蓮華經卷第三題簽 B57AV　　　　　　　　俄黑 6

妙法蓮華經卷第四 A27　　　　　　　　　　　俄黑 5

妙法蓮華經卷第四 TK4　　　　　　　　　　　俄黑 1

妙法蓮華經卷第四卷首版畫 TK4　　　　　　　俄黑 1

妙法蓮華經卷第五 B56　　　　　　　　　　　俄黑 6

妙法蓮華經卷第五 TK9　　　　　　　　　　　俄黑 1

妙法蓮華經卷第一 TK1　　　　　　　　　　　俄黑 1

妙法蓮華經卷第一卷首版畫 TK1　　　　　　　俄黑 1

妙法蓮華經譬喻品第三殘片△M1·1473［F245：W9］　　中黑 8／李刊黑

妙法蓮華經普賢菩薩勸發品第二十八 TK196　　俄黑 4

妙法蓮華經授學無學人記品第九 TK188　　　　俄黑 4

妙法蓮華經信解品第四 TK157　　　　　　　　俄黑 3

妙法蓮華經藥王菩薩本事品第二十三 TK321.4　　俄黑 5

妙法蓮華經藥王菩薩本事品第二十三 TK322.5　　俄黑 5

命友吟 A6V2　　　　　　　　　　　　　　　俄黑 5

摩訶般若波羅蜜多心經注 TK116　　　　　　　俄黑 3

摩訶僧祇律卷第十五題簽 TK278.2　　　　　　俄黑 4

摩訶衍論卷七殘片 Инв. No.1366C　　　　　　俄黑 6

N 部

捺印佛像○TK280　　　　　　　　　　　　　俄黑 4

捺印佛像○TK281　　　　　　　　　　　　　俄黑 4

捺印佛像○TK282　　　　　　　　　　　　　俄黑 4

捺印佛像○Ф312A　　　　　　　　　　　　　俄黑 6

捺印千佛 Дх11579　　　　　　　　　　　　　俄敦 15

捺印千佛像○Дх19088　　　　　　　　　　　俄敦 17

捺印千佛像○Дх19089　　　　　　　　　　　俄敦 17

捺印千佛像○Дх19090　　　　　　　　　　　俄敦 17

沙門恒潤啟（恒潤）A26.3　　　　　　　　　　　俄黑 5

上樂金剛修法法本 TK74　　　　　　　　　　　俄黑 2

稍釋金剛經科儀殘片 Дx.284　　　　　　　　　　俄黑 6

少室六門 TK296V1　　　　　　　　　　　　　　俄黑 4

少室六門殘片 Or.12380.0598（K.K.）　　　　　　北民大黑 1

少室六門第一門心經頌殘片 Or.8212.1261 K.K.II.0277.hhh　郭錄黑／
（i）（ii）　　　　　　　　　　　　　　　　　　沙刊黑 2

捨壽要門 A17　　　　　　　　　　　　　　　　　俄黑 5

深密解脫經聖者文殊師利法王子菩薩問品殘片 Дx.9963　俄敦 14

勝相頂尊總持功能依經錄 TK164.3　　　　　　　俄黑 4

勝相頂尊總持功能依經錄 TK165.2　　　　　　　俄黑 4

聖觀自在大悲心總持功能依經錄　勝相頂尊總持功能依　俄黑 4
經錄版畫 TK164

聖觀自在大悲心總持功能依經錄 TK164.2　　　　俄黑 4

聖觀自在大悲心總持功能依經錄 TK165.1　　　　俄黑 4

聖六字太明王心咒 TK137.4　　　　　　　　　　俄黑 3

聖六字增壽大明陀羅尼經 TK135　　　　　　　　俄黑 3

聖妙吉祥真實名經 M1・1450［F5：W13］　　　　中黑 8／李刊黑

聖妙吉祥真實名經 TK184　　　　　　　　　　　俄黑 4

施食儀軌殘片 M1・1369［F13：W25］　　　　　中黑 8／李刊黑

施主△M3・0015［AE200 Zhi39］　　　　　　　中黑 8

師資相錄儀 Φ362A 3.　　　　　　　　　　　　俄敦 5

十方護神讚 M1・1352［F191：W103D］　　　　中黑／8李刊黑

釋迦摩尼佛說法圖○Φ360　　　　　　　　　　　俄黑 6

釋迦讚 A12.1　　　　　　　　　　　　　　　　俄黑 5

釋摩訶衍論分門記 A38IV　　　　　　　　　　　俄黑 5

釋摩訶衍論卷八科文 Инв. No.1366B　　　　　　俄黑 6

釋摩訶衍論卷第八 TK78　　　　　　　　　　　俄黑 2

釋摩訶衍論卷第二 TK77　　　　　　　　　　　俄黑 2

T 部

天地八陽神咒經殘片 Or.8212.1330（25）正 KK.III.025.n　　　郭錄黑／
　　　　　　　　　　　　　　　　　　　　　　　　　　　　沙刊黑 2

天慶元年不空羂索陀羅尼施經發願文（梵文、漢文）　　　北民大黑 3
Or.12380.2880.1（K.K.II.0240.oo）

天慶元年不空羂索陀羅尼施經發願文（梵文、漢文）　　　北民大黑 3
Or.12380.2880.2（K.K.II.0240.oo）

添品妙法蓮華經 N°574.—KK.II.0297（cc）／Or.8212.0824　　馬刊黑

添品妙法蓮華經 N°575.—KK.III.026（a）／Or.8212.0825　　馬刊黑

添品妙法蓮華經 N°576.—KK.III.020（s）／Or.8212.0826　　馬刊黑

添品妙法蓮華經 N°577.—KK.III.020（r）／Or.8212.0827　　馬刊黑

（添品）妙法蓮華經觀世音菩薩普門品殘 Or.12380.0080bRV　北民大黑 1
（K.K.II.0283）

（添品)妙法蓮華經觀世音菩薩普門品殘片 Or.12380.0080cRV　北民大黑 1
（K.K.II.0283）

（添品）妙法蓮華經觀世音菩薩普門品殘片　Or.12380.3703　北民大黑 4
（K.K.II.0281.a.i）

添品）妙法蓮華經觀世音菩薩普門品殘片 Or.8212.1314KK.III.　郭錄黑／
021.ss（ii-iii）　　　　　　　　　　　　　　　　　　　沙刊黑 2

（添品）妙法蓮華經見寶塔品殘片△M1・1401［F79：W22］　中黑 8

添品妙法蓮華經卷六殘頁△M1・1428［F13：W48］　　　中黑 8

（添品)妙法蓮華經隨喜功德品殘片△M1・1467［F13：W46］　中黑 8

（添品）妙法蓮華經序品殘片 Or.12380.3822（K.K.）　　　北民大黑

鐵髮亥頭欲護神求修 TK321.1　　　　　　　　　　　　俄黑 5

鐵髮亥頭欲護神求修序 TK322.5　　　　　　　　　　　俄黑 5

理大師立志銘性海解脫三制律封面 TK134　　　　　　　俄黑 3

圖像殘件 MI・1494［F13：W62］　　　　　　　　　　中黑 8

圖像殘件 MI・1496［F210：W4］　　　　　　　　　　中黑 8

圖像殘件 MI・1497［F9：W40］　　　　　　　　　　　中黑 8

陀羅尼 A21V2　　　　　　　　　　　　　　　　　　　俄黑 5

陀羅尼雜集佛說呪土經殘片 Or.8212.1326 KK.III.025（i）　郭錄黑／
　　　　　　　　　　　　　　　　　　　　　　　　　　沙刊黑 2

W 部

X 部

修習瑜伽集要施食壇儀殘件△M1・1402［F160：W2］　　　中黑 8

續一切經音義卷六無量壽如來念誦修觀行儀軌殘片 M1・　　中黑 7／李刊黑
1253［F64：W1］

Y 部

延壽命經 TK296V4　　　　　　　　　　　　　　　　　　　俄黑 4

延壽真言 A32.6　　　　　　　　　　　　　　　　　　　　俄黑 5

演朝禮一本 A32.1　　　　　　　　　　　　　　　　　　　俄黑 5

一切經音義殘片 Or.12380.3917.3（k.k.）　　　　　　　　　北民大黑 5

一切如來心陀羅尼 A20.2　　　　　　　　　　　　　　　　俄黑 5

寅朝禮（讚佛稱讚慈尊）A8.2　　　　　　　　　　　　　　俄黑 5

經題款 M1・1425［F197：W6］　　　　　　　　　　　　　中黑 8／李刊黑

永嘉正道歌頌 M1・1451［F19：W1-4］　　　　　　　　　中黑 8／李刊黑

永嘉正道歌頌 M1・1452［F19：W1-2］　　　　　　　　　中黑 8／李刊黑

永嘉正道歌頌 M1・1453［F19：W1-3］　　　　　　　　　中黑 8／李刊黑

永嘉正道歌頌 M1・1454［F19：W1-1］　　　　　　　　　中黑 8／李刊黑

瑜伽師地論初持瑜伽處力種姓品第八等 TK166P　　　　　　俄黑 4

瑜伽師地論三十二 TK253　　　　　　　　　　　　　　　　俄黑 4

御製後序（持誦聖佛母般若多心經要門）TK128.3　　　　　俄黑 3

御製後序發願文（勝相頂尊總持功能依經錄）TK164.4　　　俄黑 4

御製後序發願文（勝相頂尊總持功能依經錄）TK165.3　　　俄黑 4

元上師佈施小麥殘 Or.8212.805 KK.0152（e）　　　　　　　馬刊黑／沙刊
黑 1

圓覺疏抄隨文要解殘頁（疑）F9：W42　　　　　　　　　　李刊黑

圓覺疏抄隨文要解殘頁 M1・1409［F13：W17-1］　　　　中黑 8／李刊黑

圓覺疏抄隨文要解殘頁 M1・1410［F13：W17-2］　　　　中黑 8／李刊黑

圓覺疏抄隨文要解殘頁 M1・1411［F13：W17-3］　　　　中黑 8／李刊黑

圓覺疏抄隨文要解殘頁 M1・1413［F13：W17-5］　　　　中黑 8／李刊黑

圓融懺悔法門 A22 A24　　　　　　　　　　　　　　　　　俄黑 5

願文等 TK300　　　　　　　　　　　　　　　　　　　　　俄黑 4

云何梵（讚佛稱讚慈尊）A8V5　　　　　　　　　　　　　俄黑 5

Z 部

中有身要門 TK327　　　　　　　　　　俄黑 5

注華嚴法界觀門卷上（宗密）TK241　　俄黑 4

注華嚴法界觀門卷下 TK242　　　　　　俄黑 4

注清涼心要（宗密）TK186　　　　　　俄黑 4

注清涼心要版畫 TK186　　　　　　　　俄黑 4

拙火能照無明 A18　　　　　　　　　　俄黑 5

尊天樂（讚佛稱讚慈尊）A8.5　　　　　俄黑 5

附錄二　黑水城文獻發掘大事記（1908～1990 年）

　　黑水城文獻於清末被俄人科茲洛夫首次發掘並攜出境外，其後又經多次發掘，洋人（英、美、瑞）、國人不一而足，前後跨度八十餘年，凡分二期，一者清末民國期，二者中華人民共和國期。對於黑水城文獻之發掘，雖諸家研究論著多有論述，然皆不周全，且發掘情形之原始資料散見於個考古報告、探險日誌等，翻檢不便，故為全面、清晰呈現此歷史過程，筆者參考前賢諸研究論著、考古報告、探險日誌等予以整理。雖已盡全力網羅諸方資料，然亦難免掛一漏萬，若有遺珠者，懇望海內諸賢達相告。

一、清末民國時期（1908～1933：十次）〔註1〕

　　（1）1908 年 4 月、1909 年 6 月、1926 年，俄國皇家地理學會會員科茲洛夫（Петр Кузъмич Козлов／P.K.Kozlov〔註2〕）大佐率領蒙古四川考察隊進入黑水城進行了三次發掘，現藏俄羅斯科學院東方學研究所聖彼得堡分所

〔註 1〕王天順主編《西夏學概論》，蘭州：甘肅文化出版社，1995 年。此書在「黑城發掘——大量西夏文獻文物流散國外」（第 82～94 頁）一節較為詳盡記述了科茲洛夫、斯坦因、瓦爾納（華爾納）、斯文赫定，然科茲洛夫 1926 年最後一次考察黑城及貝格曼考察未予記載。
　　　9 月 27 日，斯文赫定在黑城僅對城內建築、城牆進行了測量，並未進行考古挖掘，故筆者未將斯文赫定列入黑城文獻發掘。（參見《亞洲腹地探險八年1927～1935》，徐十周、王安洪、王安江譯，烏魯木齊：新疆人民出版社，1992 年，第 109～110 頁）
〔註 2〕亦作格茲洛夫、科欽洛夫。

與艾爾米塔什博物館（即冬宮博物館）。〔註3〕

（2）1914 年 5 月至 6 月，英籍匈牙利人斯坦因（A.Stein）進入黑水城挖掘。〔註4〕

（3）1923 年 11 月，美國考察探險隊由華爾納（Langdon Warner〔註5〕）帶領，華爾納和翟蔭（Hornace Jayne〔註6〕）在黑水城待了十餘天，挖掘到了少量文物（無文獻）。〔註7〕收集物現藏於美國哈佛大學福格藝術博物館。

（4）1927 年 9 月、1928 年、1933 年，黃文弼先後三次考察黑水城。第一次（1927 年 9 月 26），中瑞中國西北科學考察團達到內蒙古時，中方團員黃文弼考察了黑水城及附近遺址，現藏中國社會科學院考古研究所。〔註8〕

〔註3〕Е.И.克恰諾夫：《俄藏黑水城文獻·前言》第一冊，陳鵬譯，黃振華校，上海古籍出版社，1996 年。第 3～13 頁；Е·И·魯勃·列斯尼切欽科、Т·К·沙弗拉諾夫斯卡婭：《黑水死城（上）》，崔紅芬、文志勇譯，《西北第二民族學院學報》2006 年第 1 期，第 35～37 頁；羅福萇：《俄人黑水訪古所得記》，《國立北平圖書館館刊》第 4 卷第 3 號，第 1～6 頁（2503～2508）。

另可茲參考，科茲洛夫著作，P. K. Kozloff, *Mongoliya I Amdo*, Maskva I Petrograd, 1923；科氏發掘黑城的報告 *The Mongolia-Sze Chuan Expedition of the Imperial Russian Geographical Society*（Geogra. Journ. Oct, 1909）（Ibid. Sept. 1910）。此外有向達君譯《俄國科茲洛夫探險隊在外蒙古發見紀略》載《東方雜誌》第二十四卷十五號，原文見 The Burlington Magazine. April，1924，著者英國 W. Perceval Yetts，氏尚有一文，亦可參看 W. Perceval Yetts, *Links between Ancient China and The West*（The Geographical Review, Oct, 1926）。（賀昌群：《近年西北考古的成績》，金自強、虞明英選編：《賀昌群史學論著選》，北京：中國社會科學出版社，1985 年，第 111～112 頁）

按：《俄國科茲洛夫探險隊在外蒙古發見紀略》，《斯坦因西域考古記·附錄三》，第 276～295 頁。

〔註4〕向達：《斯坦因黑水獲古紀略》，《國立北平圖書館館刊》第 4 卷第 3 號，第 7～23 頁（2509～2525）；〔英〕斯坦因：《斯坦因西域考古紀·第十六章　從額濟納河到天山》，向達譯，上海：中華書局，民 25 年（1936），第 174～180 頁。大部份收集品收藏於大不列顛博物館（英國國家博物館），有一部份收集品收藏於新德里國立博物館。

〔註5〕蘭登·華爾納，亦作南陀·華爾納。

〔註6〕霍拉斯·翟蔭，亦作雷勒斯·傑恩，或霍勒斯·傑恩。

〔註7〕參見〔美〕蘭登·華爾納：《在中國漫長的古道上》，姜洪源、魏宏舉譯，烏魯木齊：新疆人民出版社，2001 年，第 63～84 頁；Langdon Warner: *Chinese Expedition 1923～24,* Notes（Fogg Art Museum）Vol.2, No.1（Apr.1925），pp.2～18. 由於暴風雪，華爾納在黑水城遺址只工作了十天。（here we excavated for ten days, at the end of which times a snow storm stopped the work.〔p13〕）

〔註8〕黃文弼遺著，黃烈整理：《黃文弼蒙新考察日記（1927～1930）》，北京：文物出版社，1990 年，第 84～85 頁。黃文弼：〈略述內蒙古、新疆第一次考古之經過

　　第二（1928）、第三次（1933），〔註9〕此二次所發掘黑城文物現分別藏於中國社會科學院考古研究所和中央研究院歷史語言研究所〔註10〕。

　　（5）1930 年 5 月 10 日至 5 月 14 日，1931 年 1 月 29 日至 2 月 5 日，2 月 9 日至 2 月 14 日，中瑞西北科學考察團團員瑞典考古學家貝格曼（Folke Bergman）在黑城考察期間挖掘若干文獻。〔註11〕

及發現〉，《西北史地論叢》，上海：上海人民出版社，1981 年，第 23～29 頁。徐旭生《徐旭生西遊日記》（上海書店，1990 年）「黃仲良到白靈廟東的尋找古城。」（〈敘言〉，第 5 頁）「黃仲良則從河（引按：額濟納河）下游繞至上游，尋找古城。」（《徐旭生西遊日記》，上海書店 1990 年〈敘言〉，第 6 頁）「（引按：九月二十五日）晚餐時，又聞離黑城二十里處有水，決定明早走，大隊即往彼處。」（同前，第 120～121 頁）九月二十六日考察隊達到黑城，日記載，「郝德，韓普爾，馮考爾，達三，狄德滿幾個人徒步向黑城去，我吃東西後，也就同黃仲良，益占三个徒步前行。」（同前，第 121 頁）「以後我們分開：仲良偏西，我同益占偏北，不很遠，相約找著路互相告訴。」「土臺前後有一佛龕，神像無存，但圓泥佛像頗多。」（同前，第 122 頁）「西北隅有一深溝，大約是 Kozlov，Stein，Warner 諸人在此地掏摸古物的遺痕。」（同前，第 122～123 頁）「五點半後，春舫，郝默爾，錢默爾，馬學爾，枭九陸續到，煮成加非，喝了不少。」九月二十七日載，「春舫要給黑城作一個略圖」，「城外西北隅有塔，有破廟，棄擲圓泥佛像甚多。」（二十六日，同前，第 123 頁）「下午一點鐘時，大隊已走，仲良春舫還想在那裏工作一會兒，我因為精神簡直不行，遂先走。」（同前，第 123 頁）「莊永成王殿臣等在黑城及此地，檢到古錢有十幾個之多，大多數係宋錢，絕無宋以後者，足證此兩地同時，且黑城毀於元初之說，大約可靠。」（同前，第 124 頁）又，1927 年 10 月 23 日，貝格曼已到達過黑城，但並未作考察。（《考古探險手記》，第 16 頁）

〔註9〕黃文弼：〈河西古地新證〉，《西北史地論叢》，上海人民出版社，1981 年，第 98～104 頁。
　　　「當 1928 年，我等赴西北考查時路徑黑城，因往探查。」（〈河西古地新證〉，第 99～100 頁）「後 1933 年我赴黑城考察，由黑城東北行，距黑城約 10 餘里，有一廣大乾河川，東北向。」（〈河西古地新證〉，第 100 頁）

〔註10〕參見丁瑞茂《史語所藏黃文弼寄存中瑞西北科學考察團文物》（《古今論衡》第 22 期／2011，第 129～137 頁）、林英津《史語所藏西夏文佛經殘本初探》（《古今論衡》第 6 期／2001，第 12 頁）二文相關論述。

〔註11〕〔瑞典〕貝格曼：《考古探險手記》，張鳴譯，烏魯木齊：新疆人民出版社，2000 年，第 122，161～165 頁。
　　　郭峰於《斯坦因第三次中亞探險所獲甘肅新疆出土漢文文書──未經馬斯伯樂刊佈的部份》中記述「中國瑞典聯合西北科學考察團貝格曼、黃文弼等人於 1929 年」考察了黑城。（蘭州：甘肅人民出版社，1993 年，第 126 頁）中國學術團體協會為西北科學考查團與斯文赫定博士所簽訂合作辦法中第十四條第一項規定了考古發掘物的處置辦法，即「關於考古學者，統須交與中國團長或其所委託之中國團員運歸本會保存。」（徐旭生《西遊日記》第 25

（6）1931 年，瑞典人郝諾考查黑城東之乾河。〔註 12〕

二、中華人民共和國時期（1962～1990：八次）

（7）1962 年、1963 年，內蒙古自治區文物工作隊調查古居延時，在黑水城採集到少量文書，現藏內蒙古自治區博物館。〔註 13〕

（8）1976 年，甘肅省文物工作隊（甘肅省文物考古研究所前身）到黑水城調查，採集到少量文書，現藏甘肅省博物館。〔註 14〕1976 年，內蒙古自治區博物館考古隊，曾在距離黑水城遺址約 20 公里的老高蘇木遺址發現西夏文世俗文獻和佛經文獻。〔註 15〕

（9）1978 年，中國科學院歷史研究所馬雍和甘肅省博物館吳礽驤在城中兩個垃圾堆中清理出十多件元代文書，現存於甘肅省博物館。〔註 16〕

（10）1979 年，甘肅省文化局王勤台等在遺址發現少量文書，現藏甘肅省博物館。〔註 17〕

頁）王可雲《中瑞西北科學考察團研究》（華東師範大學碩士論文 2005 年）中對黃文弼、貝格曼在黑水城的考察未予提及，同時對考察發掘所得文物的處置只引用了中瑞雙方簽訂協議內容，至於具體保管地并未說明。

〔註 12〕黃文弼：〈河西古地新證〉，《西北史地論叢》，第 101 頁。

〔註 13〕內蒙古文物工作隊《額濟納旗沙漠中古廟清理記》，《內蒙古文物考古》1981 年創刊號；李逸友編著：《黑城出土文書（漢文文書卷）》，北京：科學出版社，1991 年，第 4 頁。

〔註 14〕陳炳應：《黑城新出土的一批元代文書》，《考古與文物》1983 年 1 期；李逸友編著：《黑城出土文書（漢文文書卷）》，北京：科學出版社，1991 年，第 4 頁。

〔註 15〕史金波、翁善珍：《額濟納旗綠城新見西夏文物考》，《文物》1996 年第 10 期，第 79 頁。

〔註 16〕陳炳應：《黑城新出土的一批元代文書》，《考古與文物》1983 年 1 期；白濱：《關於黑水城文獻研究的兩個問題》，《中國史研究》2008 年第 4 期，第 3～4 頁。

〔註 17〕陳炳應：《黑城新出土的一批元代文書》，《考古與文物》1983 年 1 期；白濱：《關於黑水城文獻研究的兩個問題》，《中國史研究》2008 年第 4 期，第 3～4 頁。文中白先生稱，甘肅省文化局王勤台等在遺址發現一些元代文書和西夏文佛經殘片等共 24 件。

另，張國旺《黑城出土元代漢文文書研究綜述》（《黑水城人文與環境研究：黑水城人文與環境國際學術討論會文集》，北京：中國人民大學出版社，2007 年，第 625～633 頁）、劉廣瑞《黑水城所出元代帶編號文書初探》（石家莊：河北師範大學碩士論文，2008 年，第 1 頁）、杜建錄《中國藏西夏文獻概論》（《西夏學》第 1 輯，銀川：寧夏人民出版社，2007 年，第 27～28 頁）對 1976、1978、1979 年考古亦有論述。

　　（11）1983 年、1984 年，內蒙古自治區文物考古研究所會同阿拉善盟文物工作站對黑水城遺址進行了大規模的考古發掘。出土三千多件文書，現藏內蒙古自治區文物考古研究所。〔註 18〕

　　（12）1985 年，額濟納旗文管所進行文物普查時，於黑水城西北角 400 米發現兩件西夏文殘頁。〔註 19〕

　　（13）1990 年 5 月，內蒙古文物考古隊蓋山林在黑城遺址東南 20 公里外瑙琨蘇木地區，考察了四座西夏廟宇，發現兩尊泥塑菩薩像、一些西夏文刻本佛經、西夏文草書殘片、一幅唐卡，現藏內蒙古博物館。〔註 20〕

〔註18〕內蒙古自治區文物考古研究所、阿拉善盟文物工作站：《內蒙古黑水城考古發掘紀要》，《文物》1987 年第 7 期；李逸友編著：《黑城出土文書（漢文文書卷）》，北京：科學出版社，1991 年，第 5 頁。

〔註19〕杜建錄《中國藏西夏文獻概論》，第 28 頁。

〔註20〕史金波、翁善珍：《額濟納旗綠城新見西夏文物考》，《文物》1996 年第 10 期，第 72～80 頁；白濱：《關於黑水城文獻研究的兩個問題》，《中國史研究》2008 年第 4 期，第 3～4 頁。

白濱討論「黑水城遺址的零星發掘」中，亦有部份發掘未予述及，如科茲洛夫於 1909 年 6 月、1926 年兩次發掘；1923 年，華爾納和瞿蔭一同參與發掘工作；黃文弼發掘情況未予明晰；貝格曼、郝諾考察未予提及。另，文中述及「1972 年至 1976 年，甘肅文物考古部門組織的居延考古隊，曾幾次到黑水城遺址進行踏勘，並計劃進行清理發掘。」著者未提供佐證，且其他著作、論文中未見到 1972 年勘察的記錄，故暫時未予列入。（《關於黑水城文獻研究的兩個問題》，《中國史研究》2008 年第 4 期，第 3～4 頁）

附錄三　西夏文獻題名考訂論文目錄

　　本錄所謂西夏文獻題名考訂論文，指西夏國所轄黑水城出土漢、夏文獻及其他區域出土西夏文文獻之定名辨析論文。文獻檢索時間 1949 至 2021 年，實際收錄論文時間為 1988 至 2021 年。主要利用中國、日本等國家（地區）圖書館、數據庫資源進行檢索，并對文中定名文獻的號數予以統計。

　　目錄按文獻出土地區（黑城、非黑城）和語言（漢文、西夏文）分別予以匯總整理相關論文。論文中經考訂的西夏文獻總計 850 號，其中黑城文獻 803 號，非黑城文獻 47 號。筆者雖竭力收羅相關論文，然疏漏之篇亦在所難免，還望諸賢海涵，并與告知，以補闕漏之憾。

一、黑水城出土漢文文獻（合計 177 號，其中佛教 110 號）

　　1. 張培瑜：《黑城新出天文曆法文書殘頁的幾點附記》，《文物》1988 年第 4 期，第 91～92 頁。（1 號）

　　按：F19：W19〔註1〕（《中國藏黑水城漢文文獻》第 8 冊編號作 M1·1279〔F19：W19〕），原題名為「曆書」（「曆書殘頁」），重定名作「元至正二十五年（1365 年）授時曆殘頁」。

　　2. 方齡貴：《讀〈黑城出土文書〉》，《內蒙古社會科學（文史哲版）》1994 年第 6 期，第 77～81 頁。（1 號）

　　按：中國藏 F43：W2，原題名為「《孝經》印本殘葉」，重定名作「《孝經直解》殘片」。

〔註 1〕張培瑜先文中未明文書編號，此經查《內蒙古黑城考古發掘紀要》（《文物》1987 年第 7 期，第 21 頁）而知。

3. 虞萬里：《黑城文書遼希麟〈音義〉殘葉考釋與復原》，潘重規等著：《慶祝吳其昱先生八秩華誕敦煌學特刊》，臺北：文津出版社有限公司，1999年，第 179～191 頁；聶鴻音：《黑城所出〈續一切經音義〉殘片考》，《北方文物》2001 年第 1 期，第 95～96 頁。

按：F64：W1，原題名為「某辭書殘頁」（《黑城出土文書》，第 202 頁），重定名作「《續一切經音義》卷六〈無量壽如來念誦修觀行儀軌〉」。

4. 宗舜：《〈俄藏黑水城文獻〉漢文佛教文獻擬題考辨》，《敦煌研究》2001年 1 期，第 82～92 頁。

按：《俄藏黑水城文獻》第 1～6 冊，重新勘定 25 號佛教文獻。館藏號、重定名如下：

TK17P1《佛說觀彌勒菩薩上生兜率天經》雜寫殘片，TK41.2《法華經方便品第二》偈語，TK63B《金剛經》殘片等（樓按：「等」，指西夏文殘片），TK79.2《釋摩訶衍論贊玄疏》卷二，TK80.2《釋摩訶衍論贊玄疏》卷二，TK166P《瑜伽師地論》卷三八《持瑜伽處力種姓品第八》等碎片，TK178V《金剛經》等碎片（樓按：按：有西夏文碎片三片），TK207《無量壽如來根本陀羅尼》殘片，TK257《佛說延壽命經》殘片，TK279《大般若波羅蜜多經》卷第四七五殘片，TK294《佛頂尊勝陀羅尼》殘片，TK303《大方廣圓覺修多羅了義經略疏》殘片等（樓按：一片存「十子歌」三字，餘二片為重定名文獻。），TK304發願文殘頁，TK307《仁王護國般若波羅蜜多經·奉持品第七》殘片，TK309《中阿含經·王相應品說本經第二》殘頁，TK310A《正法念處經·觀天品之二十二》殘頁，TK310BV《正法念處經·觀天品之二十二》殘頁，TK321.4《妙法蓮華經·藥王菩薩本事品第二十三》殘片，TK322 1. 鐵髮亥頭欲護神求修序、2. 古籍殘片、3.《妙法蓮華經·藥王菩薩本事品第二十三》殘片、4.《妙法蓮華經·藥王菩薩本事品第二十三》殘片、5. 古籍殘片，A9 18-2.2《佛頂尊勝陀羅尼》殘片，Инв.No.951 A.《大方廣佛華嚴經·入不思議解脫境界普賢行願品》殘頁，Инв.No.1044《佛果圜悟禪師碧巖錄》卷一殘片，Инв.No.1366b《摩訶衍論》卷八科文，Инв.No.1366c《摩訶衍論》卷七殘片，Ф335《金光明最勝王經》卷九殘頁，Дx.2823《法門名義集》。

5. 宗舜：《〈俄藏黑水城文獻〉之漢文佛教文獻續考》，《敦煌研究》2004年第 5 期，第 90～93 頁。

按：重新勘定 11 號佛教文獻。館藏號、重定名如下：

TK111V 薦亡儀軌，TK191 密教法本殘片，TK218 密教法本殘片，TK271 密咒圓因往生集錄，TK272《佛印禪師心王戰六賊出輪迴表》殘片，TK283V 密教法本殘片，TK321.1《鐵髮亥頭欲護神求修》，B2 1.《勸念佛頌》、2.《願往生禮贊偈》、3.《無量壽如來念誦修觀行儀軌》、4.《西方淨土禮》，Ф234 多聞天王施食儀，Ф317A《長阿含經》卷第五第一分典尊經第三，Инв.No.2010《中華傳心地禪門師資承襲圖》殘片。

6. 李輝、馮國棟：《俄藏黑水城文獻兩件類書定名與拼合》，《寧夏社會科學》2005 年第 2 期，第 90～91 頁。

按：TK314 和 TK322（2），重新定名作「《初學記》第一卷殘片」。

7. 張富春：《〈俄藏黑水城文獻〉俄 TK136 號漢文文獻題名辨正》，《圖書館理論與實踐》2005 年第 3 期，第 121～122 頁。

按：原題為《晉紀》，現改定作《資治通鑒綱目晉孝武帝寧康、太遠事》。

8. 段玉泉：《黑水城文獻〈資治通鑒綱目〉殘頁考釋》，《寧夏大學學報（人文社會科學版）》2006 年第 3 期，第 68～71 頁；虞萬里：《黑城文書〈資治通鑒綱目〉殘葉考釋》，《歐亞學刊》第七輯，北京：中華書局，2007 年，第 180～202 頁；胡玉冰、唐方：《黑水城〈資治通鑒綱目〉殘葉考述》，《西夏研究》2012 年第 2 期，第 38～46 頁。

按：TK136，M1・1266［F6：W36］原題「史籍殘頁」，重定名「《資治通鑒綱目》殘葉」。

9. 惠宏：《英藏黑水城文獻 Or.8212／1343 號脈法殘片考——兼論黑水城文獻與敦煌文獻的互串問題》，《西夏學》第一輯，銀川：寧夏人民出版社，2006 年，第 105～108 頁。（《英藏斯.碎.181 脈法殘片考——兼推黑城文獻之下限》，《時珍國醫國藥》2006 年第 17 卷第 10 期，第 2060～2061 頁）

按：Or8212／1343（亦編號 S.碎.181），馬繼興《敦煌醫藥文獻輯校》中，擬題為「不知名脈法殘片」，重定名作「傷寒門・平脈法殘片」。

10. 段玉泉：《俄藏黑水城文獻〈初學記〉殘片補考》，《寧夏社會科學》2006 年第 1 期，第 109～110 頁。

按：TK322.5 為宋刻本《初學記》殘片，本文所舉殘葉考證，是以補李輝、馮國棟《俄藏黑水城文獻兩件類書定名與拼合》之遺，二文所列殘片同屬《初學記》的一個頁面。

11. 張湧泉《俄敦 18974 號等字書碎片綴合研究》，《浙江大學學報（人文社

會科學版）》2007 年 5 月，第 26～35 頁。〔註2〕

按：Дх.18974、Дх.18976、Дх.18977、Дх.18981、Дх.19007、Дх.19010、Дх.19027、Дх.19033、Дх.19052，大方廣佛華嚴經音殘片。

12. 崔為、王姝琛：《黑城出土的〈傷寒論〉抄頁》，《長春中醫藥大學學報》第 23 卷第 3 期（2007 年），第 77～78 頁。（1 號）

按：中國藏 F20：W10，原題名為「醫方」（《中國藏黑水城漢文文獻》第 8 冊），定名作「《傷寒論》殘片」。

13. 鄧文寬：《黑城出土〈西夏皇建元年庚午歲（1210）具注曆日〉殘片考》，《文物》2007 年第 8 期，第 85～87 頁。（1 號）

按：Or.12380-816（K.K.II.0292.j），原題名為「元印本具注曆殘頁」，重定名作「西夏皇建元年庚午歲（1210）具注曆日殘片」。

14. 張國旺：《俄藏黑水城 TK194 號文書〈至正年間提控案牘與開除本官員狀〉》，《西域研究》2008 年第 2 期，第 55～61 頁。

按：原題《至正年間提控案牘與開除本官員狀》，重定名作《元代至正間亦集乃路錢糧房所錄本路官員請俸文書底簿》。

15. 陳豔：《俄藏黑水城 TK318 號文書考釋》，《西夏學》第四輯，銀川：寧夏人民出版社，2009 年，第 149～52 頁。▲

按：重訂為「宋朱申注《古文孝經》殘片」。該論文題目在目錄中為《俄藏黑水城 TK318 號文書題名及版本問題》，而正文中卻為《俄藏黑水城 TK318 號文書考釋》。

16. 邱志誠：《兩件新刊中國藏黑水城漢文文書殘片考釋》，《西夏學》第六輯，上海：上海古籍出版社，2010 年，第 97～108 頁。

按：內蒙古自治區文物考古研究所：《中國藏黑水城漢文文獻》第 8 冊。M1・1274［83H・F14：14／0014］、M1・1269［F14：W8］，原題「醫方」和「醫書印本」，重定名作「習抄大學章句殘片」和「元刻本《重刊孫真人備急千金方要方》殘葉」。

17. 金瀅坤：《〈俄藏敦煌文獻〉中黑水城文書考證即相關問題的討論》，《百年敦煌文獻整理研究國際學術討論會論文集》（上冊），2010 年，第 363～378 頁。（17 號）

〔註 2〕辛瑞龍於《俄藏黑水城佛經音義文獻再考》中對此號《華嚴音義》殘片予以討論（《保定學院學報》2017 年第 4 期，第 89～92、96 頁）

按：俄藏混入敦煌文獻中黑水城文獻殘片的重定名，Дх.19067，「遼聖宗宗統二年（984）牒及判」；Дх.18993，「西夏光定十二年（1222）餬餅房租賃契」；Дх.19043，「西夏乾祐廿四年（1193）判文」；Дх.19070，「元至元二年（1265）三年（1266）吏禮房公文」；Дх.16714，「元至元二十六年（1289）提舉司文狀」；Дх.19073，「元泰定二年（1325）殘狀」；Дх.18993，「元至正三年（1343）為收養郭張驢等孤老狀」；Дх.19022，「元至正廿一年（1361）支物曆」；Дх.19042，「元至正廿一年（1361）殘賬」；Дх.19077，「元至正廿一年（1361）殘賬」；Дх.19068，「元代至順元年前後賜楚王和魏王實物曆」；Дх.18992，「元代亦集乃路總管府防賊禁約令」；Дх.18995，「元代至順年間文書」；Дх.19071，「元代狀及判」；Дх.19053R，「元代殘文」；Дх.12238，「元代達魯花赤啟」；Дх.19076R，「元代高利貸契」。

18. 邱志誠：《中國藏黑水城 83H・F1：W14／0014 號文書殘片定名及其它》，《首都師範大學學報（社會科學版）》2011 年第 2 期，第 30～32 頁。

按：《中國藏黑水城漢文文獻》第 8 冊，83H・F1：W14／0014（M1・1274）原題名「醫方」，重定名「習抄大學章句殘片」。

19. 彭海濤：《黑水城所出八件佛經殘片定名及復原》，《西夏學》第八輯，上海：上海古籍出版社，2011 年，第 284～290 頁。

按：《中國藏黑水城漢文文獻》中，M1・1462、M1・1471、M1・1468、M1・1472、M1・1473、M1・1477、M1・1469、M3・0012 進行考訂復原。

M1・1462《佛說大白傘蓋總持陀羅尼經》殘片，M1・1468《金光明最勝王經》殘片，M1・1469《佛頂心陀羅尼經》殘片，M1・1471《佛說大白傘蓋總持陀羅尼經》殘片，M1・1472《慈悲道場懺法》殘片，M1・1473《妙法蓮華經》殘片，M1・1477《佛說守護大千國土經》殘片，M3・0012《華嚴經疏鈔玄談》或《大方廣佛華嚴經演義鈔》殘片。

20. 杜立輝：《關於兩件黑水城西夏漢文文書的初步研究》，《西夏學》第八輯，上海：上海古籍出版社，2011 年，第 238～243 頁。

按：俄藏 Инв.No.2150A、Инв.No.2150B，前者定名為「三司設立法度文書」，後者定名為「違越恒制文書」。兩件文書，實則為同一件文書，重定名作《西夏天慶元年（1194 年）正月諸司選充都案、案頭等御箚子》。

21. 吳超：《中國藏黑水城漢文文獻所見〈慈悲道場懺法〉考釋》，《赤峰學院學報（漢文哲學社會科學版）》2011 年 8 月第 32 卷第八期，第 29～33 頁。

按：《中國藏黑水城漢文文獻》第 8 冊，M1‧1472［F245：W8］，原題「佛經殘頁」，重定名《慈悲道場懺法》卷八；《黑城所出土文書》（第 214～215 頁），F79：W7 無題名，重定名作「《慈悲道場懺法》卷七」。

22. 邱志誠：《黑水城文書中發現又一版本的〈千金要方〉——新刊中國藏黑水城 F14：W8 號漢文文書考釋》，《首都師範大學學報（社會科學版）》2012 年第 1 期，第 114～122 頁。

按：中國藏黑水城漢文文書 F14：W8，原題名為「醫書印本」，重定名作「《重刊孫真人備急千金方》殘頁」。

23. 邱志誠：《黑水城 M1.1296、M1.1298 號文書的綴合、考釋及相關問題研究》，《文獻》2012 年第 4 期，第 54～62 頁。（2 號）

按：M1.1296、M1.1298，原題目分別為「卦書」「庖犧畫卦」，重定名作「習抄元版《圖像合璧君臣故事句解》殘頁」。

24. 譚翠：《英藏黑水城文獻所見佛經音義殘片考》，《文獻》2012 年第 2 期，第 34～37 頁。

按：Or.12380-0530（K.K. Ⅱ.0243g），原題「漢文音義」；Or.12380-3374（I.yav.02），原題「漢文韻書」，重定名分作《新集藏經音義隨函錄》卷二《法鏡經》和《法苑珠林音義》。

25. 陳瑞青：《〈中國藏黑水城漢文文獻〉印本古籍殘片題名辨正》，中國社會科學院民族學與人類學研究所編：《薪火相傳——史金波先生 70 壽辰西夏學國際學術研討會論文集》，北京：中國社會科學出版社，2012 年，第 203～210 頁。

按：M1‧1239［F89：W11］，《小學‧嘉言第五》；M1‧1240［F14：W9A］，《資治通鑒》卷八〈漢紀〉；M1‧1242［F19：W22］，《山西通志》卷四六太原府條；M1‧1243［F19：W301］，《柳河東集》卷十四〈愚溪對〉；M1‧1248［F96：W4］，《稽古錄》；M1‧1250［Y1：W7A］，《指南總論》卷上〈論合和法〉；M1‧1252［F2：W1］，《三國志‧魏志‧袁紹傳》；M1‧1267［83h‧F9：W37／0291］，《折獄龜鑒》卷一〈劉崇鬼〉。

26. 孫繼民：《黑水城所成金代漢文〈西北諸地馬步軍編冊〉殘片的綴合與整理》，《第三屆中國古文獻與傳統文化國際學術研討會論文集》，2012 年，第 235～240 頁；范學輝：《俄藏黑水城金代〈西北諸地馬步軍編冊〉新探暨重命名》，《歷史研究》2017 年第 1 期，第 179～189 頁。（1 號）

按：Инв.No.5176，原題名為「西北諸地馬步軍編冊」，〔註3〕重定名作「《金陝西臨洮路馬步軍編冊》」。（孫繼民）

Инв.No.5176，原題名為「《西北諸地馬步軍編冊》」，重定名作「《金貞祐三年十月臨洮路上陝西宣撫司核實世襲蕃部巡檢與弓箭手編冊》」。（范學輝）

27. 張蓓蓓、付俊璉：《黑水城〈憶飲〉詩殘件命名及作者考》，《文獻》2013年第6期，第43～44頁。

按：M1·1236［F146：W31］，原題名為「詩文殘件」，重定名作「李元膺《憶飲》詩殘件」。

28. 劉波：《黑水城漢文刻本文獻定名商補》，《文獻》2013年第2期，第69～76頁。（12+1號）

按：M1·1239［F89：W2］，原題名為「印本殘件」，重定名作「朱熹《小學》注本殘葉」；M1·1240［F14：W9A］，原題名為「印本殘件」，重定名作「《資治通鑒》卷二十八殘葉」；M1·1243［F19：W30］，原題名為「印本殘件」，重定名作「朱熹《孟子集注》殘片」；M1·1244［F20：W7B］，原題名為「印本殘件」，重定名作「柳宗元文集（《愚溪對》）殘葉」；M1·1248［F96：W4］，原題名為「印本殘件」，重定名作「《稽古錄》卷十三殘片」；M1·1249［F19：W31］，原題名為「印本殘件」，重定名作「《孝經》注殘葉」；M1·1250［Y1：W7A］，原題名為「印本殘件」，重定名作「《太平惠民和劑局方》殘片」；M1·1251［84H·F116：W400／1572］，原題名為「印本殘件」，重定名作「《金剛經·善現啟請分》殘文」；M1·1252［F2：W1］，原題名為「印本殘件」，重定名作「《後漢書·袁紹傳》殘文」或「《三國志·袁紹傳》殘文」；M1·1259［F197：W2B］，原題名為「《孝經》殘頁」，重定名作「《孝經》注殘葉」；M1·1267［83H·F9：W37／0291］，原題名為「印本殘頁」，重定名作「《折獄龜鑒·劉崇龜》殘文」；TK318，原題名為「古籍殘片」，重定名作「《孝經》注殘片」；Or.8212-1314，原題名為「印本殘片」，重定名作「《添品妙法蓮華經》卷第七《觀世音菩薩普門品第二十四》殘文」。

〔註3〕關於本件殘葉的討論，另可參見孫繼民、杜力暉《俄藏黑水城所成一件金代軍事文書再探——對楊浣先生〈黑城《西北諸地馬步軍編冊》考釋〉一文的正補》（《中國史研究》2007年第4期，第133～143頁）、楊浣《黑城〈西北諸地馬步軍編冊〉考釋》（《中國史研究》2006年第1期，第137～144頁）。

M1・1251［84H・F116：W400／1572］「《金剛經・善現啟請分》殘文」，由於殘文見於羅什譯本、流支譯本《金剛經》，然此二並無善現啟請分等三十二分名，傳梁昭明太子將《金剛經》判作三十二分，《傅大士頌金剛經》中可見三十二分名，此殘片中未見，故僅以依殘文定名作「《金剛經》」即可。

又，M1・1239、M1・1240、M1・1243、M1・1244、M1・1248、M1・1267，此六號陳瑞青於《〈中國藏黑水城漢文文獻〉印本古籍殘片題名辨正》一文已重新定名，而劉波文中未提及陳瑞青之文。

29. 邱志誠：《黑水城 M1・1221、M1・1225 漢文文書殘片考釋》，《寧夏師範學院學報》2014 年第 2 期，第 95～98 頁。（2 號）

按：中國藏 M1・1221，原題名為「習字」，重定名作「習抄《論語・八佾第三》殘片」「習抄《論語・季氏第十六》殘片」「習抄《論語・八佾第三》《里仁第四》殘片」；M1・1225，原題名為「習字」，重定名「習抄《論語・顏淵第十二》殘片」。

30. 秦樺林：《黑水城出土〈元一統志〉刻本殘葉考》，《中國地方志》2014 年第 10 期，第 40～41 頁。（1 號）

按：中國藏 M1・1242［F19：W22］，原題名為「印本殘件」，重定名作「《元一統志・太原路》刻本殘葉」。

31. 馬振穎、鄭炳林：《〈俄藏敦煌文獻〉中的黑水城文獻補釋》，《敦煌學輯刊》2015 年第 2 期，第 129～150 頁。

按：Дх.2876、Дх.3249、Дх.4076（2-1）、Дх.6306-Дх.6311、Дх.6313、Дх.6314、Дх.6318、Дх.6319、Дх.7850、Дх.7867、Дх.7899、Дх.7927、Дх.7929、Дх.8119、Дх.8591、Дх.8596、Дх.9746、Дх.9796、Дх.10276、Дх.11472А，В、Дх.11503、Дх.11504、Дх.11571、Дх.11573、Дх.11580、Дх.12255、Дх.16798、Дх.16833、Дх.18990、Дх.18994、Дх.19002、Дх.19005、Дх.19079、Дх.19087

32. 秦樺林：《黑水城文獻刻本殘葉定名拾補二則》，《文獻》2015 年第 6 期，第 39～43 頁。（2 號）

按：M1・1249［F19：W31］，原題名為「印本殘件」，重定名作「《孝經直解》殘葉」；Or.8212／814，原題名為「印本三國志評選」，重定名作「《三國志文類》殘葉」。

33. 張新朋：《吐魯番、黑水城出土〈急就篇〉〈千字文〉殘片考辨》，《尋根》2015 年第 6 期，第 19～25 頁。（1 號）

按：M1·1219［Y1：W101c+Y1：W101b］，原題名為「習字」，重定名作「《千字文》殘片」。

34. 彭向前：《幾件黑水城出土殘曆日新考》，《中國科技史雜誌》第 36 卷第 2 期（2015 年），第 182～190 頁。（2 號）

按：M1·1287［F68：W1］，原題名為「曆書殘頁」重定名作「元刻本至元二十二年曆日殘頁」；M1·1282［F21：W24a］，原題名為「曆書殘頁」，「元成宗大德十一年曆書殘頁」。

35. 何偉鳳：《黑城所出〈地理新書〉刻本殘片考》，《西夏研究》2019 年第 1 期，第 111～116 頁。（1 號）

按：M1·1280、M1·1309，原題名為「曆學」「符占秘術」，重定名作「元刊《地理新書》殘片」。

36. 于業禮、張葦航：《英藏黑水城出土漢文醫學殘片新考》，《甘肅中醫藥大學學報》2020 年第 2 期，第 113～117 頁。（2 號）

按：Or.8212-1343，原題名為「不知名脈法殘片」（馬繼興）或「殘醫書」（郭峰），重定名作「寫本《活人書》殘片」；Or.8212-1106，原題名為「大沉香丸殘片」，重定名作「《太平惠民和劑局方》殘片」。

37. 陳陗、沈澍農：《英藏黑水城醫藥文獻 Or.8212-1343 考》，《南京中醫藥大學學報·（社會科學版）》2020 年第 1 期，第 44～46 頁。（1 號）

按：Or.8212-1343，原題名為「不知名脈法」（馬繼興）或「殘醫書」（郭峰），重定名作「《南陽活人書》殘片」。

38. 宋坤：《四件黑水城出土西夏漢文佛教文獻殘頁擬題考辨》，《西夏研究》2020 年第 4 期，第 7～13 頁。（15 號）

按：Or.12380-3498（K.K.II.0282.b.ⅲ）、Or.12380-2736（K.K.），原題名為「漢文佛經」，重定名作「《佛說聖大乘三歸依經》殘片」；Or.12380-3823（K.K.），原題名為「《彌勒上生經（漢文）》」，重定名作「贊佛稱贊慈尊」；Or.12380-0610（K.K.II.0230.dd）、Or.12380-0686（K.K.），原題名為「漢文佛經」，重定名作「《佛說大乘聖無量壽決定光明王如來陀羅尼經》殘片」；Дх.6306—Дх.6311、Дх.6313、Дх.6314、Дх.6318、Дх.6319，定名作「《佛說

觀彌勒菩薩上生兜率天經》殘片」〔註4〕。

二、黑水城出土西夏文文獻（合計 626 號）

1. 林津英：《史語所藏西夏文佛經殘本初探》，《古今論衡》第六期（2001年），中央研究院歷史語言所，第 10～27 頁。

按：館藏編號「172 之 1」，對殘本中的部份（十六頁）分別定名為《佛說佛母出生三法藏般若波羅蜜多經》（2-1 號）和《聖妙吉祥真實名經》（1-1～3 和 2-2～13 號）。

——《西夏語譯〈真實名經〉釋文研究》，臺北：「中央研究院」語言學研究所，2006 年，第 13 頁。（《西夏研究》第八輯，北京：中國社會科學出版社，2008 年，第 665 頁）（3 號）

按： Or.12380-3165（ k.k. ）、 Or.12380-3645（ k.k. ）、 Or.12380-0862（k.k.ii.0274.n），定名作「《真實名經》」。

2. 許文芳、韋寶畏：《俄藏黑水城 2822 號文書〈雜集時要用字〉研究》，《社科縱橫》2005 年第 6 期，第 174 頁。〔註5〕

按：Дx.2822，原題名為「《蒙學字書》」，重定名作「《雜集時要用字》」。

3. 黃延軍：《中國國家圖書館藏西夏譯北涼本〈金光明經〉殘片考》，《寧夏社會科學》2007 年第 2 期，第 103～105 頁。

按：Xix 7.16 x-6、Xix 4.12-3P 號，原題名為「佛經」，重定名作「《金光明經·授記品》」。

4. 楊志高：《考古研究所藏西夏文佛經殘片考補》，《民族語文》2007 年第 6 期，第 45～49 頁。（2 號）

按：中國藏 B41.002，原題名為「佛經殘頁」，重定名作「《大方廣菩薩藏

〔註 4〕本文所考辨文獻定名於先前研究已作出相關結論，具體情形如下：Or.12380-3498（K.K.II.0282.b.iii）、Or.12380-2736（K.K.），此二號於孫繼民、宋坤、陳瑞青、杜立暉、郭兆斌編著：《英藏及俄藏黑水城漢文文獻整理》上冊（天津：天津古籍出版社，2015 年，第 17～18，43～44 頁）中已作出考辨。Or.12380-3823、Or.12380-0610（K.K.II.0230.dd）、Or.12380-0686（K.K.），筆者於 2015 年畢業論文《黑水城漢文佛教文獻研究》中已作考辨；Дx.6306—Дx.6311、Дx.6313、Дx.6314、Дx.6318、Дx.6319，此十號佛經殘片，馬振穎、鄭炳林：《〈俄藏敦煌文獻〉中的黑水城文獻補釋》（《敦煌學輯刊》2015 年第 2 期，第 129～150 頁）

〔註 5〕關於本號文獻的考辨、研究，可參見王使臻《俄藏文獻 Дx.2822「字書」的來源及相關問題》（《西夏學》第五輯，第 116～118 頁）中研究概括部分的論述。

文殊師利根本儀軌經》卷十三《一切法行義品第十五之一》」。B41.003，原題名為「佛經殘頁」，重定名作「《仁王護國般若波羅蜜多經》卷二《不思議品第六》」。

——《英藏西夏文〈慈悲道場懺罪法〉誤定之重考》，《寧夏社會科學》，2008年第2期，第91～96頁。

　　按：Or. 12380—3421、3422、3423aRV（2件）、3423bRV（2件）、3423cRV（2件）、3426、3429號10件刻本殘片。

　　5. 崔紅芬：《英藏西夏文〈聖勝慧到彼岸功德寶集偈〉殘葉考》，《寧夏師範學院學報（社會科學）》2008年2月第29卷第1期，第84～87頁。

　　按：Or.12380-3060RV（K.K.II.0240.a）、Or.12380～2969（K.K.）、Or.12380-2969V（K.K.），前二號原題名作「佛經」，後一號原題名作《集頌中高贊章第九終》。Or.12380-3060RV，重定名《聖勝慧到彼岸功德寶集偈》卷下《隨順品第二十九》《常啼品第三十》；Or.12380-2969和Or.12380-2969V，重定名《聖勝慧到彼岸功德寶集偈》卷上《稱讚品第九》、《受持功德品第十》。

　　6. 段玉泉：《中國藏西夏文文獻未定名殘卷考補》，《西夏學》第三輯，銀川：寧夏人民出版社，2008年，第41～50頁。

　　按：黑水城：M21.032［F13：W706］，《聖勝慧到彼岸功德寶集偈》之「演說世界品第十二」殘片；M21.148［F6：W2b］，《聖觀自在大悲心總持功能依經錄》刻本殘頁。

　　7. 聶鴻音：《俄藏4167號西夏文〈明堂灸經〉殘葉考》，《民族語文》2009年第4期，第60～64頁。〔註6〕

　　按：Инв.No.4167，原題名為「醫書」，重定名作「《明堂灸經》」。

　　8.聶鴻音：《西夏文〈阿彌陀經發願文〉考釋》，《寧夏社會科學》2009年第5期，第94～96頁。

　　按：俄藏未刊，Инв.No.6518、Инв.No.7123，經考證兩紙可拼配成一篇《阿彌陀經發願文》。

　　9. 胡進杉：《藏文〈心經〉兩種夏譯本之對勘研究》，《西夏歷史與文化——第三屆西夏學國際學術研討會論文集》，銀川：甘肅人民出版社，2010年，第244～266頁。

〔註6〕梁松濤於《黑水城出土西夏文〈明堂灸經〉殘葉考》中對此件西夏文獻予以深入討論。（《文獻》2017年第3期，第16～19頁）

按：俄藏未刊，Tang.401 No.804B.808，重定名作「《出有壞母勝慧到彼岸心經》」。

10. 孫伯君：《黑水城出土西夏文〈佛說最上意陀羅尼經〉殘片考釋》，《寧夏社會科學》2010 年第 1 期，第 89～91 頁。

按：俄藏未刊 Инв.No.2844，原題名為「最上意經」，重定名作「《佛說最上意陀羅尼經》」。

11. 孫伯君：《黑水城出土西夏文〈金獅子章雲間類解〉考釋》，《西夏研究》2010 年第 1 期，第 60～74 頁。

按：俄藏 Инв.No.739，原題名為「《華嚴金獅子章》刊本」，重定名作「淨源《金獅子章雲間類解》」。

12.*王培培：《俄藏西夏文〈維摩詰經〉殘卷考補》，《西夏學》第五輯，上海：上海古籍出版社，2010 年，第 61～64 頁。

按：論文以蔣維崧、嚴克勤二先生所攝照片為研究材料，並於註釋⑤中談及「這套照片共 13 個編號，分別是 Инв.No.5727、2875、6046、709、2881、5727、233、4236、232、361、737、2311、2334 和 2529。其中 2529 號的內容並非《維摩詰經》，而 2331 和 2334 號不見克恰諾夫的著錄。」前句 2311，而後句卻變為 2331，前全文論述唯見 2331 號相關論述，不知是前錯，抑或後錯。由於如是圖片尚未公開，無從查證。〔註 7〕

13. 史金波：《〈英藏黑水城文獻〉定名芻議及補證》，《西夏學》第五輯，上海：上海古籍出版社，2010 年，第 1～16 頁。（328 號）

按：詳見「《英藏黑水城文獻》定題補證表」（第 6～16 頁）重定題名為《英藏黑水城文獻》第 1 至 4 冊。

14. 孫伯君：《〈修華嚴奧旨妄盡還源觀〉考釋》，《西夏學》第六輯，上海：

〔註 7〕另，文中註釋④，王培培《〈維摩詰經〉的西夏譯本》，《敦煌吐魯番研究》，中華書局 2009 年。但中華書局該年並未出版過此書，且《敦煌吐魯番研究》未查見此文。然而，實際上經筆者查，此文出自 DUNHUANG STUDIES: PROSPECTS AND PROBLEMS FOR THE COMING SECOND CENTURY OF RESEARCH ／ 敦 煌 學 ： 第 二 個 百 年 的 研 究 視 角 與 問 題（ДУНЬХУАНОВЕДЕНИЕ: ПЕРСПЕКТИВЫ И ПРОБЛЕМЫ ВТОРОГО СТОЛЕТИЯ ИССЛЕДОВАНИЙ. ED. BY I.POPOVA AND LIU YI. SLAVIA PUBLISHERS, ST. PETERSBURG, 2012，PP266～267.）該論文集是 2009 年 9 月 3 至 5 日聖彼得堡東方文獻研究所所舉辦的「DUNHUANG STUDIES: PROSPECTS AND PROBLEMS FOR THE COMING SECOND CENTURY OF RESEARCH」的結集，而作者亦是研討會的與會者之一。

上海古籍出版社，2010 年，第 67～69 頁。

按：俄羅斯科學院東方文獻研究所藏 Инв.No.6174、Инв.No.7689，原題「還源觀」，重新考訂作唐法藏《修華嚴奧旨妄盡還源觀》西夏譯本。

15. 李曉明：《英藏黑水城西夏文〈佛說佛母出生三法藏般若波羅蜜多經〉殘頁考釋》，《西夏研究》2010 年第 4 期，第 47～49 頁。

按：Or.12380-3392RV，原題名「佛經殘片」，重定名作「《佛說佛母出生三法藏般若波羅蜜多經》殘頁」。

16.〔日〕佐藤貴保著：《未刊俄藏西夏文〈天盛律令〉印本殘片》，劉宏梅譯，《西夏研究》2011 年第 3 期，第 124～128 頁。（原文譯自《西北出土文獻研究》第 6 期，新潟西北出土文獻研究會，2008 年，第 55～62 頁）（1 號）

按：俄藏未刊，Инв.No.2586，《天盛改舊新定律令》卷十九第四條。

17. 惠宏：《英藏西夏文〈金光明最勝王經〉殘葉考》，《西夏研究》2011 年第 4 期，第 30～35 頁。

按：Or.12380-3933，原題名《金光明經》，應作《勝相頂尊總持功能依經錄》；Or.12380-3379RV（K.K.II.0254.d），原題名「佛經」，重定名「《金光明最勝王經》殘葉」。

18. 李曉明《英藏西夏文〈七寶華踏佛陀羅尼經〉的誤定與考證》，《西夏學》第八輯，上海：上海古籍出版社，2011 年，第 156～159 頁。

按：Or.12380-0215（K.K.II.0284）、Or.12380-2763（K.K.II.0279.n）和Or.12380-2768（K.K.II.0233.jjj），重定名作《佛說佛母出生三法藏般若波羅蜜多經》和《妙法蓮華經》（添品妙法蓮花經）。

19. 黃延軍：《俄藏黑水城西夏文〈佛說金耀童子經〉考釋》，《西夏學》第八輯，上海：上海古籍出版社，2011 年，第 122～126 頁。

按：俄藏 4788 號，〔註8〕原題名為「《佛說金光童子經》」，重定名作「《佛說金耀童子經》」。

20. 胡進杉：《西夏文〈七功德譚〉及〈佛說止息賊難經〉譯注》，《西夏學》第八輯，上海：上海古籍出版社，2011 年，第 72～89 頁。

按：俄藏未刊，Tang.221 No.804，定名作「《七功德譚》」；Tang.145 No.804a，定名作「《佛說止息賊難經》」；Tang.401 No.804B.808，定名作「《出

〔註 8〕按：文中著者僅列出序號，而未明館藏編號略稱，且未列出此號文獻出處，若俄藏黑水城西夏文文獻，一般當為「Инв.」。

生壞母勝慧到彼岸心經》」。

21. 鄒仁迪：《英藏西夏文〈大般涅槃經〉寫本殘葉考》,《西夏學》第八輯,上海：上海古籍出版社,2011 年,第 167～169 頁。

按：Or.12380-3600（K.K.Ⅱ.0238.g.iii）,原題名為「佛經」,重定名作「《大般涅槃經》」。

22. 王龍：《英藏黑水城文獻〈法華經〉殘葉考釋》,《西夏學》第八輯,上海：上海古籍出版社,2011 年,第 163～166 頁。

按：Or.12380-3193,原題名為「佛經」,重定名作「《妙法蓮華經·從地踊（湧）出品》」。

23. 于業勳：《英藏西夏文〈華嚴普賢行願品〉殘葉考》,《西夏學》第八輯,上海：上海古籍出版社,2011 年,第 160～162 頁。

按：Or.12380-3203RV,原題名「佛經經頌」,重定名作「《大方廣佛華嚴經·入不思議解脫境界普賢行願品》」。

24. 韓瀟銳：《英藏黑水城出土〈大手印引定〉殘片考》,《西夏學》第八輯,上海：上海古籍出版社,2011 年,第 154～155 頁。

按：Or.12380-3231（K.K.Ⅱ.0236.1）,原題名為「《大手印頓入要門》」,重定名作「《大手印引定》」。

25. 荒川慎太郎：《內蒙古文物考古所收藏的西夏文陀羅尼殘片考》,《西夏學》第八輯,上海：上海古籍出版社,2011 年,第 66～71 頁。

按：《中國藏西夏文獻》第 16、17 冊,原題名為「陀羅尼殘葉」,MD1 重定名作《十二因緣真言》,重定名作 MD2（此類陀羅尼著者未說明號數）「大宝楼閣根本咒」。

26. 王培培：《英藏西夏文〈維摩詰經〉考釋》,《寧夏社會科學》2011 年第 3 期,第 104～106 頁。

按：對 3 號原題作「佛經」的殘片重新考訂題名。其所重定名三號（KK.Ⅱ.0230.kk、KK.Ⅱ.0244.qq、KK.Ⅱ.0244.ooo）未見史金波先生補證表中。

27. 文志勇、崔紅芬：《英藏西夏文殘葉考補》,《寧夏社會科學》2011 年第 2 期,第 105～110 頁。

按：Or.12380-2970（K.K.Ⅱ.0254.j）,原題名為「《佛說佛母寶德藏般若波羅蜜多經》」；Or.12380-2939（K.K.Ⅱ.0253.k）,原題名為「《集頌中利尋於善健本流第二十品》」。Or.12380-2971（K.K.Ⅱ.i.02.j）、Or.12380-3059RV

（K.K.）、Or.12380-3061（K.K.II.0237.n），此四號均題名為「佛經」。重定名分別作《聖勝慧到彼岸功德寶集偈》之「魔行品第十一」（Or.12380-2970）、「不退轉祥瑞品第十七」（Or.12380-2971）、「精微品第二十七」（Or.12380-3059RV）、「一切種智行品第一」（Or.12380-3061）、「方便善解根本品第二十」（Or.12380-2939）。

28. 聶鴻音：《俄藏 4947 號西夏韻書殘葉考》，《西夏研究》2012 年第 3 期，第 3～6 頁。

按：Инв.No.4947，《五音切韻》，其是從俄藏「丁種本」《五音切韻》（Инв.No.623）中脫落下來的。

29. 劉廣瑞：《黑水城出土西夏文〈仁王經〉殘片考釋》，《寧夏師範學院學報（社會科學）》2012 年 2 月（第 33 卷第 1 期），第 65～67 頁。

按：《俄藏黑水城文獻》第 4 冊，TK189V，原題《佛經》，重定名作《仁王護國般若波羅蜜多經》。

30. 孫伯君、韓瀟銳：《黑水城出土西夏文〈西方淨土十疑論〉略注本考釋》，《寧夏社會科學》2012 年第 2 期，第 98～102 頁。

按：俄藏未刊 Инв.No.6743、708、825、2324，原題名為「《西方淨土十疑論》」，其中 Инв.No.6743、708，經重新考訂定名作「澄彧《淨土十疑論注》。」

31. 李曉明、張建強：《英藏黑水城文獻中一件西夏契約文書考釋》，《西夏研究》2012 年第 1 期，第 52～57 頁。

按：Or.12380-3771（K.K.II.0232.ee），原定名為「天慶十三年裴松壽典當文契」，重定名作「天慶十三年裴松壽典糧契」。

32. 楊樹娜：《黑城出土西夏蒙書研究》，南昌：江西師範大學碩士學位論文，2012 年，第 12 頁。（7 號）

按：TK150，Инв.No.2585-11、12，Or.12380-3478、3517V、3558、2999，定名作「《碎金》習字殘片」。

33. 荒川慎太郎《西夏文金剛經の研究》，東京：松香堂，2014 年，第 50 頁。（參見麻曉芳《〈佛說智炬陀羅尼經〉的西夏譯本》）

按：Инв.No.6806，原題名為「《金剛般若波羅蜜多經》」，重定名作「《金剛經纂》《金剛般若真心》《大莊嚴寶王經》」。

34. 景永時：《俄藏〈同音〉未刊部分文獻與版本價值述論》，《北方民族大學學報（哲學社會科學版）》2014 年第 5 期，第 37～40 頁。（4 號）

按：Инв.No.2620、No.2902、No.4776 和 No.7934，重定名作「《同音》殘片」。

35. 孫飛鵬：《西夏〈佛說百喻經〉殘片考釋》，《寧夏社會科學》2014 年第 3 期，第 109～111 頁。（2 號）

按：Or.12380-0260（K.K.II.0284.pp）、Or.12380-0534（K.K.II.0231.h），原題名為「佛經」，重定名作「《佛說百喻經》殘片」。

36. 韓小忙：《俄藏佛教文獻中夾雜的〈同音〉殘片新考》，《寧夏社會科學》2015 年第 2 期，第 126～128 頁。（3 號，9 紙）

按：Инв.No.6183（二紙）、Инв.No.8223（三紙）、Инв.No.7934（四紙），〔註9〕重定名作「《同音》殘片」。

37. 孫飛鵬：《西夏文〈方廣大莊嚴經〉殘片考釋》，《西夏學》第十一輯，上海：上海古籍出版社，2015 年，第 68～71 頁。（1 號）

按：M21 · 173，原題名為「西夏文寫本　佛經殘頁」，重定名作「《方廣大莊嚴經》殘片」。

38. 張九齡：《〈英藏黑水城文獻〉佛經殘片考補》，《西夏學》第十一輯，上海：上海古籍出版社，2015 年，第 60～67 頁；《西夏本〈佛頂心觀世音菩薩大陀羅尼經〉述略》，《寧夏社會科學》2015 年第 3 期，第 141～143 頁。（18+11 號）

按：Or.12380-0050、0526、0722、0841、1099、1118、1164、1198、1210、1419、1420、2071、2132、2761、3041、3185、3218、3493，重定名作「《佛頂心經》」。

Or.12380-3708，原題名為「佛經」，重定名作「《佛說長壽經》殘片」。Or.12380-3388，原題名為「佛經」，重定名作「《聖大悟蔭王隨求皆得經》殘片」。Or.12380-2100、2101，原題名為「佛經」，重定名作「《根本薩婆多部律攝》殘片」。Or.12380-2289，原題名為「佛經」，重定名作「《佛說破壞阿鼻地獄智炬陀羅尼經》殘片」。Or.12380-0957，原題名為「佛經」，重定名作「《文殊師利所說不思議佛境界經》殘片」。Or.12380-3182，原題名為「佛經」，

〔註 9〕按：著者所重新勘定為此三號之析出文獻碎片。Инв.No.6183 主文獻是《佛說佛母出生三法藏般若波羅蜜多經》卷八，碎片包括兩紙佛經、兩紙《同音》；Инв.No.8223，包括《同音》殘片、藏文殘片、漢文殘片、西夏文佛經偈頌（疑）殘片、《佛名經》（疑）殘片；Инв.No.7934，包括《同音》殘片、《大般若波羅蜜多經》卷百九十五之卷首及封套。

重定名作「《佛說大威德熾盛光調伏諸星宿消災吉祥陀羅尼經》殘片」。
Or.12380-3018，原題名為「佛經」，重定名作「《佛說聖曜母陀羅尼經》殘片」。
Or.12380-0255，原題名為「佛經」，重定名作「《仁王護國般若波羅蜜多經》
殘片」。Or.12380-3487，原題名為「大般若波羅蜜多經」，重定名作「《佛說
聖佛母般若波羅蜜多經》殘片」。Or.12380-3198，原題名為「佛經」，重定名
作「《佛說最上意陀羅尼經》殘片」。

39. 崔紅芬：《中英藏西夏文〈聖曜母陀羅尼經〉考略》，《敦煌研究》2015
年第 2 期，第 87～96 頁。（4 號）

按：Or.12380-2911V（K.K.），原題名為「佛經」，重定名作「《聖曜母陀
羅尼經》殘片」；Or.12380-3018（K.K.II.0246.f），原題名為「佛經」，重定名作
「《聖曜母陀羅尼經》殘片」；中國藏（甘肅省博物館）G21‧059［T21］-2P、
G21‧059［T21］-3P，原題名為「《聖曜母陀羅尼經》殘片」，重定名作「《妙
法蓮華經‧序品》殘片」。

40. 王龍：《西夏文〈佛說避瘟經〉考釋》，《寧夏師範學院學報》2016 年
第 1 期，第 81～87 頁。（2 號）

按：俄藏 Инв.No.7675，原題名為「《除一切疾病陀羅尼經》」，重定名作
「《佛說避瘟經》殘葉」；Инв.No.7675，原題名為「《聖大乘大千國守護經》」，
重定名作「《除一切疾病陀羅尼經》殘頁」「《擲卦本一部》殘頁」。

41. 閆成紅：《俄藏 Инв.No.6761 西夏文題記的歸屬——兼及西夏文獻〈極
樂淨土求生念定〉的復原》，《西夏研究》2016 年第 2 期，第 28～33 頁。（1
號）

按：Инв.No.6761，原題名為「《佛說阿彌陀經》」，重定名作「《極樂淨土
求生念定》」。

42. 韓小忙、孔祥輝：《英藏〈天盛律令〉殘片的整理》，《西夏研究》2016
年第 4 期，第 42～46 頁。（2 號）

按：誤題名作《天盛律令》刻本殘片凡 10 件。本文著者重定名兩件，
Or.12380-0355「佛經殘片」，Or.12380-1802「社會文書」；史金波重定名
Or.12380-0001、2050、3353、3355、3356、3358、3359、3543 八件，0001「戶
籍」，2050「物品糧賬」，3353「軍抄文書」，3355「借貸契約」，3356「軍籍文
書」，3358「軍抄文書」，3359「糧賬」，3543「佛經」。

43. 孫伯君：《黑水城出土西夏文〈八種麤重犯墮〉考釋》，《西夏研究》

14

2016 年第 2 期，第 3～6 頁。（1 號）

按：Инв.No.6474，「十四種根犯墮、八種麁重」，重定名作「《八種麁重犯墮》」。

44. 林玉萍、孫飛鵬：《英藏黑水城文獻中的西夏文新現佛經考釋》，《西夏學》第十二輯，蘭州：甘肅文化出版社，2016 年，第 89～100 頁。（9 號）

按：Or.12380-0384（K.K.Ⅱ.0285.jjj），原題名為「佛經」，重定名作「《大方廣圓覺修多羅了義經》科文殘片」；Or.12380-03479h（K.K.Ⅱ.0290.f），原題名為「佛經」，重定名作「《大方廣圓覺修多羅了義經略疏》殘片」；Or.12380-1882a（K.K.），原題名為「佛經」，重定名作「《正法念處經》殘片」；Or.12380-1881a（k.k.）、Or.12380-1880（k.k.），原題名為「佛經」，重定名作「《發菩提心經論》殘片」；Or.12380-2100（K.K.V.b.012.d）、Or.12380-2101（K.K.V.b.012.e），原題名為「佛經」，重定名作「《根本薩婆多部律攝》殘片」；Or.12380-3198（K.K.Ⅱ.0252），原題名為「佛經」，重定名作「《佛說最上意陀羅尼經》殘片」；Or.12380-1025（K.K.Ⅱ.0119.c），原題名為「佛經」，重定名作「《方廣大莊嚴經》殘片」。

45. 段玉泉：《西夏文〈聖勝相頂尊母成就法〉考釋》，《西夏學》第十五輯，蘭州：甘肅文化出版社，2017 年，第 275～286 頁。

按：Or.12380-3898，原題名為「聖頂尊勝相佛母供順」，重定名作「聖勝相頂尊母成就法」。

46. 李曉明：《英藏若干西夏文〈真實名經〉殘頁考釋》，《西夏研究》2017 年第 1 期，第 8～13 頁。（2 號）

按：Or.12380-3723（k.k.ii.0274.ddd）、Or.12380-3723V（k.k.ii.0274.ddd），原題名為「佛畫」「佛經」，重定名作「《真實名經》扉頁」「《真實名經》殘頁」；Or.12380-3893（k.k.）、Or.12380-3893V（k.k.），原題名為「第五輪功德集陀羅尼」「略集門頌」，重定名作「《真實名經》殘頁」。

47. 馬萬梅：《〈英藏黑水城文獻〉漏刊的兩件西夏文獻考釋》，《西夏研究》2017 年第 3 期，第 44～48 頁。（2 號）

按：Or.12380-3899、3900，定名作「《佛說佛母出生三法藏般若波羅蜜多經》殘卷」。

48. 段玉泉：《新見英藏西夏文〈雜字〉考釋》，《西夏學》第十四輯，蘭州：甘肅文化出版社，2017 年，第 101～107 頁。（1 號，37 件）

按：Or.12380-1843（IDP 數據庫刊佈），定名作「《三才雜字》殘頁」。

49. 孫飛鵬：《英藏黑水城西夏文〈華嚴經普賢行願品〉殘件整理與校勘》，《西夏學》第十五輯，蘭州：甘肅文化出版社，2017 年，第 302～317 頁。（36號）

按：Or.12380-0058、0224、0254、0754、0755、0756、0257、0393、0395b、0773、0623V、0693、0700、0738、0768、0746、0781、0783、0803、2967、0968、2390RV、2758、2869aRV、2869bRV、2968RV、3491、3715，定名作「《華嚴經普賢行願品》殘片」；Or.12380-3211RV，原題名為「《金剛般若波羅蜜經》」，重定名作「《華嚴經普賢行願品》『普賢長頌』」「求生極樂淨土頌」；Or.12380-3483、3484，原題名為「《金剛般若波羅蜜經》」，重定名作「《華嚴經普賢行願品》殘片」；Or.12380-3727，原題名為「阿彌陀佛西方極樂世界念佛往生贊」，重定名作「《華嚴經普賢行願品》殘片」；Or.12380-3871.40、3871.41，原題名為「《大般若波羅蜜多經》」，重定名作「《華嚴經普賢行願品》殘片」；Or.12380-3927，原題名為「菩提道次第六加行」，重定名作「《華嚴經普賢行願品》殘片」。

50. 段玉泉：《西夏文〈聖勝相頂尊母成就法〉考釋》，《西夏學》第十五輯，蘭州：甘肅文化出版社，2017 年，第 275～286 頁。（1 號）

按：Or.12380-3898，原題名為「《聖頂尊勝佛母供順》」，重定名作「《聖勝相頂尊母成就法》」。

51. 孫伯君：《裴休〈發菩提心文〉的西夏譯本考釋》，《寧夏社會科學》2017 年第 4 期，第 186～193 頁。（1 號）

按：Инв.No.6172，原題名為「菩提心」，定名作「《普勸僧俗發菩提心文》」。

52. 秦光永：《黑水城出土星命書〈百六吉凶歌〉殘葉考》，《西夏研究》2018 年第 1 期，第 41～47 頁。

按：Инв.No.3582（2-2），原題名為「曆書」，重定名作「《百六吉凶歌》殘葉」。

53. 孔祥輝：《英藏〈天盛律令〉Or.12380-3762 殘片考補》，《西夏研究》2018 年第 4 期，第 17～22 頁。（2 號，11 件）

按：Or.12380-3762.11、3762.07V、3762.06V、3762.07、3762.08、3762.08V、3762.09、3762.10、3762.10V、3762.09V，Or.12380-3354，重定名作「《天盛律令》卷十『官民敕門』」。

54. 湯曉龍：《西夏文〈明堂灸經〉補考》，《寧夏社會科學》2018 年第 5 期，第 212～214 頁。（2 號）

按：Or.12380-2457C、Or.12380-2458，〔註 10〕原題名為「殘片」「陀羅尼」，重定名作「《明堂灸經》殘片」。

55. 孔祥輝：《兩則未刊俄藏〈天盛律令〉殘片考釋》，《西夏學》第十六輯，蘭州：甘肅文化出版社，2018 年，第 309～315 頁。（2 號，2 件）

按：著者自擬編號作 A、B，定名作「《天盛律令》殘片」。

56. 潘潔：《兩件〈天盛律令〉未刊殘頁考釋》，《西夏學》第十七輯，蘭州：甘肅文化出版社，2019 年，第 207～213 頁。（2 號）

按：Tang-55-69-0002（右面）、Tang-55-69-0001（左面），定名作「《天盛律令》殘片」。

57. 韋兵：《〈推星命洞微百六大限逐歲吉凶文書〉：英藏黑水城文獻 359 占卜書殘葉考釋與定名》，《西夏學》第十七輯，蘭州：甘肅文化出版社，2019 年，第 223～227 頁。（1 號）

按：Or.12380-359a（K.K.Ⅱ.0285.ff），原題名為「佛經」，重定名作「《推星命洞微百六大限逐歲吉凶文書》」。（《英藏黑水城文獻》第一冊公佈此號計 2 件殘片，重定名者為圖版右側一件）

58. 王龍：《黑水城出土西夏文〈仁王經〉補釋》，《西夏學》第十七輯，蘭州：甘肅文化出版社，2019 年，第 228～235 頁。（1 號）

按：俄藏 Инв.No.7605-2，重定名作「《仁王護國般若波羅蜜經》殘葉」。

59. 李語、戴羽：《俄藏 Инв.No.5448 號殘片考補》，《西夏研究》2019 年第 3 期，第 55～59 頁。（1 號）

按：Инв.No.5448，原題名為「法典」，重定名作「《亥年新法》卷七殘片」。

60. 鄧文韜：《一件未刊布黑水城出土元代借錢契考釋》，《西夏研究》2019 年第 2 期，第 42～45 頁。（1 號）

按：銀川市佑啟堂古玩商店藏西夏文契約，定名作「也火可可借錢契」。

61. 崔紅芬、文健：《英藏西夏文〈無常經〉考略》，《敦煌研究》2019 年第 2 期，第 45～54 頁。（3 號）

按：Or.12380-3700aRV（K.K.Ⅱ.0258.m）、Or.12380-3700b（K.K.Ⅱ.0258.m）

〔註 10〕《英藏黑水城文獻》第 3 冊刊本編號作 Or.12380-2547b（K.K.）、Or.12380-2458b（K.K.）。（第 112～113 頁）

和 Or.12380-3700bRV（K.K.II.0258.m），原題名為「佛經」，重定名作「《無常經》殘片」。

62. 王榮飛：《英藏西夏文〈明堂灸經〉殘葉考》，《北方民族大學學報（哲學社會科學版）》2019 年第 1 期，第 116～119 頁。（2 號）

按：Or.12380-2457b、Or.12380-2458b，原題名為「殘葉」「醫方」，重定名作「《明堂灸經》殘片」。

63. 梁麗莎：《英藏西夏文〈莊子〉殘片考釋》，《西夏研究》2019 年第 1 期，第 38～40 頁。（1 號）

按：Or.12380-1935（k.k.ii.0280.o），原題名為「佛經」，重定名作「《莊子·讓王》殘片」。

64. 孫飛鵬、梁松濤：《Дx.19078 西夏文針灸文獻殘片及相關問題考》，《西夏研究》2019 年第 4 期，第 14～16 頁。（1 號）

按：Дx.19078，原無題名，定名作「《明堂灸經》殘片」。

65. 馬萬梅：《英藏西夏文〈金光明最勝王經〉卷六殘片考——兼與俄藏、國圖藏本之比較》，《西夏學》第十八輯，蘭州：甘肅文化出版社，2019 年，第 339～354 頁。（8 號）

按：Or.12380-225、376、3378；Or.12380-953、1083、1310、3390，原題名為「《佛經》」；Or.12380-3467，原題名為「《大般若波羅蜜多經》」，重定名作「《金光明最勝王經》卷六殘片」。

66. 孫飛鵬：《西夏文〈聖勝慧到彼岸功德寶集偈〉殘件補釋》，《文獻》2020 年第 5 期，第 48～63 頁。（23 號）

按：Or.12380-0019、0481、0757、0767、0778、0793、0794、0831、0837、0843、0852、0867、0871、0988、0994、1950b、2292、2381、2756、2870b、2871、2892RV、3735，原題名為「佛經」，重定名作「《功德寶集偈》殘頁」。

67. 蔡莉：《英藏西夏文〈佛頂心觀世音菩薩大陀羅尼經〉整理》，《西夏研究》2019 年第 2 期，第 30～35 頁。（25 號）

按：Or.12380-0050（K.K.II.0283.ggg），原題名為「佛經」，重定名作「《佛頂心經》上卷」。Or.12380-0526（K.K.），原題名為「佛經」，重定名作「《佛頂心經》上卷」。Or.12380-0722（K.K.II.0279.mm），原題名為「陀羅尼」，重定名作「《佛頂心經》下卷」。Or.12380-0841（K.K.），原定名為「殘片」，重定名作「《佛頂心經》上卷陀羅尼」。Or.12380-0853（K.K.），原題名為「殘

片」，重定名作「《佛頂心經》上卷」。Or.12380-0854（K.K.），原題名為「佛經」，重定名作「《佛頂心經》上卷」。Or.12380-0856（K.K.），原題名為「心經」，重定名作「《佛頂心經》上卷」。Or.12380-1099（K.K.II.0244.g），原題名為「佛經」，重定名作「《佛頂心經》上卷」。Or.12380-1118（K.K.II.0239.bb），原題名為「佛經論釋」，重定名作「《佛頂心經》下卷」。Or.12380-1164（K.K.II.0247.i），原題名為「陀羅尼」，重定名作「《佛頂心經》上卷」。Or.12380-1198（K.K.），原題名為「殘片」，重定名作「《佛頂心經》上卷」。Or.12380-1210（K.K.II.0244.rr），原題名為「佛教戒律」，重定名作「《佛頂心經》上卷」。Or.12380-1419（K.K.II.0277.o），原題名為「索借一衫契」，重定名作「《佛頂心經》下卷」。Or.12380-1420（K.K.II.0277.n），原定名為「陀羅尼」，重定名作「《佛頂心經》下卷」。Or.12380-2071（K.K.II.0281.n），原題名為「佛經」，重定名作「《佛頂心經》下卷」。Or.12380-2102RV（K.K.II.0243.e），原題名為「佛頂心觀世音菩薩大陀羅尼經」，重定名作「《佛頂心經》上卷」。Or.12380-2132（K.K.Ⅱ.0242.g＆h），原定名為「佛經」，重定名作「《佛頂心經》上卷」。Or.12380-2761（K.K.II.0255.j），原定名為「佛經」，重定名作「《佛頂心經》上卷」。Or.12380-2943RV（K.K.II.0272.h），原題名為「金剛般若波羅蜜多經」，重定名作「《佛頂心經》上卷」。Or.12380-2944（K.K.II.0265.e），原題名為「金剛般若波羅蜜多經」，重定名作「《佛頂心經》上卷」。Or.12380-3041（K.K.），原定名為「陀羅尼」，重定名作「《佛頂心經》結尾咒語」。Or.12380-3185（K.K.II.0265.d），原題名為「佛說聖星母陀羅尼經」，重定名作「《佛頂心經》中卷」。Or.12380-3218（K.K.II.0266.k），原題名為「佛經」，重定名作「《佛頂心經》下卷」。Or.12380-3493（K.K.II.0282.ccc），原題名為「佛經」，重定名作「《佛頂心經》下卷」。Or.12380-3903（K.K.），原題名為「佛經」，重定名作「《佛頂心經》下卷」。

　　68. 崔紅芬：《黑水城遺存〈彌勒上生經〉考略》，《西夏學》第二十輯，蘭州：甘肅文化出版社，2020 年，第 192～202 頁。（9 號）

　　按： Or.12380-3511（K.K.II.0255.d）、0928（K.K.II.0264.g）、2238（K.K.II.0282.a.viii）、3021（K.K.II.0259.nnn）、0929（K.K.II.0256.e）、1001（K.K.II.0255.iv），原題名為「佛經」；Or.12380-2873（K.K.II.0265.I）、2874（K.K.）、2874V（K.K.），原題名為「《金光明最勝王經》」；重定名作「《彌勒上生經》殘片」。

69. 麻曉芳：《〈佛說智炬陀羅尼經〉的西夏譯本》，《西夏學》第二十輯，蘭州：甘肅文化出版社，2020 年，第 203～210 頁。（參見荒川慎太郎《西夏文〈金剛經〉の研究》）（1 號）

按：Инв.No.6806，原題名為「《金剛般若波羅蜜多經》」，重定名作「《佛說智炬陀羅尼經》《釋迦摩尼滅惡趣王根本咒》《大莊嚴寶王經》」。

70. 文志勇、崔紅芬：《西夏文〈佛頂心觀世音菩薩經〉考略》，《西夏學》第二十一輯，蘭州：甘肅文化出版社，2020 年，第 185～199 頁。（13 號）

按：Or.12380-0050（K.K.II.0283.ggg）、1099（K.K.II.0244.g）、2132（K.K.II.0242.g.&h）、2761（K.K.II.0255.j）、3218（K.K.II.0266.k）、3493（K.K.II.0282.ccc），原題名為「佛經」，重定名作「《佛頂心觀世音菩薩大陀羅尼經》」；Or.12380-2944（K.K.II.0265.e）、2943RV（K.K.II.0272.h），原題名為「《金剛般若波羅蜜多經》」，重定名作「《佛頂心觀世音菩薩大陀羅尼經》」；Or.12380-1164（K.K.II.0247.i）、1420（K.K.II.0277.n），原題名為「陀羅尼」，重定名作「《佛頂心觀世音菩薩大陀羅尼經》」；Or.12380-1419（K.K.II.0277.o），原題名為「索借一衫契」，重定名作「《佛頂心觀世音菩薩大陀羅尼經》」。

Or.12380-3025（K.K.II.0234.b），原題名為「《佛頂心觀世音菩薩大陀羅尼經》」，重定名作「《佛頂心觀世音菩薩治病催生法經》」；Or.12380-3185（K.K.II.0265.d），原題名為「《佛說聖星母陀羅尼》」，重定名作「《佛頂心觀世音菩薩治病催生法經》」。

71. 崔紅芬：《英藏黑水城〈佛頂心觀音經〉相關問題考論》，《敦煌研究》2021 年第 3 期，第 114～125 頁。（4 號）

按：Or.12380-2102RV（K.K.II.0243.e），原題名為「《佛頂心觀世音菩薩大陀羅尼經》」，重定名作「《佛頂心觀世音菩薩大陀羅尼經》上卷（存結尾處）、《佛頂心觀世音菩薩治病催生法經》中卷（存開頭文字）。Or.12380-3025（K.K.II.0243.b），原定名為「《佛頂心觀世音菩薩大陀羅尼經》」，重定名作「《佛頂心觀世音菩薩大陀羅尼經》中卷（結尾）、《佛頂心觀世音菩薩前往難救經》卷下（標題）」。Or.12380-3493（K.K.II.0282.ccc），原定名為「佛經」，重定名作「《佛頂心大陀羅尼經》卷下（結尾）」。Or.12380-3185（K.K.II.0265.d），原題名為「《佛說聖星母陀羅尼》」，重定名作「《佛頂心大陀羅尼經》卷中」。

72. 李曉明、陳廣恩：《內蒙藏西夏文〈功德寶集偈〉殘葉考》，《敦煌研究》2021 年第 3 期，第 126～133 頁。（1 號）

按：M1・218〔F13：W70a〕，原題名為「西夏文寫本　佛經殘葉」，重定名作「《聖勝慧到彼岸功德寶集偈》殘葉」。

73. 趙成仁：《英藏西夏文〈大般若波羅蜜多經〉卷八殘片考》，《西夏研究》2021 年第 1 期，第 18～22 頁。（1 號，四件）

按：Or.12380-3764.1、Or.12380-3764.2、Or.12380-3764.3、

Or.12380-3764.4，原題名為「佛經」，重定名作「《大般若波羅蜜多經》卷八殘片」。

74. 閆安朝：《新見俄藏西夏文〈三才雜字〉考》，《西夏研究》2021 年第 4 期，第 29～33 頁。（1 號）

按：俄藏未刊 Инв.No.82，定名作「《三才雜字》殘片」。

三、非黑水城出土西夏文獻（合計 47 號）

1. 孫伯君：《德藏吐魯番所出西夏文〈郁伽長老問經〉殘片考》，《寧夏社會科學》2005 年第 5 期，第 92～94 頁。

按：德國柏林民俗博物館，T.M.190，《郁伽長老問經》。

2. 〔日〕荒川慎太郎：《日本藏〈聖勝慧到彼岸功德寶集頌〉考釋》，胡若飛譯，《西夏研究》第三輯（第二屆西夏學國際學術研討會論文集），北京：中國社會科學出版社，2006 年，第 413～418 頁。（1 號）

按：日本國立民族學博物館藏。

3. 黃延軍：《內蒙古博物館藏西夏文〈瑜伽集要焰口施食儀〉殘片考》，《西夏學》第二輯，銀川：寧夏人民出版社，2007 年，第 125～126 頁。

按：《中國藏西夏文獻》第 17 冊，編號 M11・012（額濟納旗綠城）。

4. 孫伯君：《北京大學圖書館所藏〈華嚴經〉卷 42 殘片考》，《西夏學》第二輯，銀川：寧夏人民出版社，2007 年，第 99～101 頁。

按：《中國藏西夏文獻》第 12 冊（亦收入《北京大學圖書館藏敦煌文獻》第 2 冊），編號 M21.010（靈武）。

5. 段玉泉：《甘藏西夏文〈聖勝慧到彼岸功德寶集偈〉考釋》，《西夏學》第二輯，銀川：寧夏人民出版社，2007 年，第 102～109 頁。

按：《中國藏西夏文獻》第 16 冊，G21.053（原編號 T23-2，武威天梯山，甘肅博物館藏——西夏文刻本佛經殘葉）、G21.023（原編號 6739，武威博物館，武威亥母洞——西夏文刻本佛經殘葉）、G21.026（原編號 6746，武威博

物館，武威亥母洞──西夏文刻本佛經殘葉）

6. 戴忠沛：《莫高窟北區出土西夏文殘片補考》，《西夏學》第二輯，銀川：寧夏人民出版社，2007 年，第 120～124 頁。

按：敦煌研究院藏，《中國藏西夏文獻》第 16 冊。G11.062［B127：9-1］，《大孔雀經》殘片；G11.052［B160：13］，《佛說佛母出生三法藏般若波羅蜜多經》殘片；G11.050［B160：14］，《大般若波羅蜜多經》殘片；G11.143［B166：5］，《聖六字增壽大明陀羅尼經》殘片；G11.057［464：58］，《聖觀自在大悲心總持功能依經錄》殘片。

7. 楊志高：《考古研究所藏西夏文佛經殘片考補》，《民族語文》2007 年第 4 期，第 47～48 頁。

按：《中國藏西夏文獻》第 12 冊，B41.002，西夏刻本《大方廣菩薩藏文殊師利根本儀軌經》殘片，B41.003，西夏刻本《仁王護國般若波羅蜜多經》殘片。

8. 聶鴻音：《中國國家圖書館藏西夏文〈頻那夜迦經〉考補》，《西南民族大學學報（人文社科版）》2007 年第 6 期，第 23～28 頁。

按：寧夏靈武，周叔迦《館藏西夏文經典目錄》、西田龍雄《西夏譯佛典目錄》上定名為《金剛薩埵說頻那夜迦天成就儀軌經》。而史金波先生《西夏文佛經目錄》（出自《西夏佛教史略》附錄）定名為《大悲經》，而後其說為西夏學界屢次徵引。聶鴻音先生經查核原卷，仍定名作《金剛薩埵說頻那夜迦天成就儀軌經》。

9. 段玉泉：《中國藏西夏文文獻未定名殘卷考補》，《西夏學》第三輯，銀川：寧夏人民出版社，2008 年，第 41～50 頁。（7 號）

按：莫高窟北區 G11.092［第 464：60］，《聖勝慧到彼岸功德寶集偈》之「福德名數品第五」殘片；G11.058［第 464：59］、G11.053［第 464：54］，《聖勝慧到彼岸功德寶集偈》之「知識品第二十二」殘片；武威亥母洞 G21.044［13200］，《聖勝慧到彼岸功德寶集偈》之「迴向福德品第六」殘片。

武威張義修行洞 G21.060［20480］，《聖觀自在大悲心總持功能依經錄》；武威天梯山洞窟 G21.054［T2］，《聖觀自在大悲心總持功能依經錄》；內蒙古綠城 M11.011，《勝相頂尊總持功能依經錄》刻本殘卷。

10. 荒川慎太郎：《東京大学所藏西夏文斷片について──西夏語訳〈大智度論〉斷片》，《京都大学言語学研究》22（2003），第 379～387 頁。

按：東京大學藏西夏文殘片三件，可參見《日本藏西夏文文獻》上冊。（北京：中華書局，2011 年，第 245 頁）B-04［26］、B-04［27］、B-04［28］，原題「西夏文字西夏佛語典」（武宇林：《日本東京大學所藏西夏文〈大智度論〉殘片研究述評》，《北方民族大學學報（哲學社會科學版）》2009 年第 1 期，第 86～89 頁）

11. 于光建、黎大祥：《武威市博物館西夏文〈維摩詰所說經〉上集殘葉考釋》，《西夏研究》2010 年第 4 期，第 43～46 頁。

按：《中國藏西夏文獻》第 16 冊，G31.029［6725］，原題《維摩詰所說經》下集，53 面，其中一面應為《維摩詰所說經》上集。

12. 段玉泉：《武威亥母洞遺址出土的兩件西夏文獻考釋》，《西夏學》第八輯，上海：上海古籍出版社，2011 年，第 127～134 頁。

按：《中國藏西夏文獻》（著者未予言明收入冊數），G31·025［6741］、G31·028［6763］，原題未定，現定名《大白傘蓋陀羅尼經》殘葉，G31·018［6747］、G31·020［6762］原題《佛說百壽怨結解陀羅尼經》，重定「西夏文陀羅尼集經」。作者對 G31·018［6747］、G31·020［6762］二號文獻的考證，首先見於《甘藏西夏文〈佛說解百生冤結陀羅尼經〉考釋》（《西夏研究》2010 年第 4 期，頁 40～42），文中定名作《佛說解百生冤結陀羅尼經》，現經作者進一步研究，重新勘定作「西夏文陀羅尼集經」，包括《佛說解百生冤結陀羅尼經》《淨除業障總持》《淨惡趣總持》及《緣生咒頌》。

13. 崔紅芬：《武威博物館藏西夏文〈金剛經〉及贊頌殘經譯釋研究》，《西夏學》第八輯，上海：上海古籍出版社，2011 年，第 135～144 頁。

按：《中國藏西夏文獻》（第 16 冊），原題名《金剛般若波羅蜜經》的 8 個編號的殘葉重新考訂，并重定名 G31·011［6737］、G31·012［6739］作「金剛經疏頌」。

14. 于光建、徐玉萍：《武威博物館藏 6721 號西夏文佛經定名新考》，《西夏學》第八輯，上海：上海古籍出版社，2011 年，第 152～153 頁。

按：《中国藏西夏文献》第 16 冊，編號為 G31.019［6761］，原題《佛说佛名经》，重定名作「《說決定毗尼經》殘件」。

15. 何金蘭：《甘肅省博物館藏西夏文〈妙法蓮華經心〉考釋》，《西夏學》第十二輯，蘭州：甘肅文化出版社，2016 年，第 119～128 頁。（1 號）

按：甘肅省武威縣張義公社下西溝峴山出土，G21.057［15511］定名作

「《妙法蓮華經心》」。

16. Kaiqi Hua: *The Examination of the Tangut Garland Sutra（Avataṃsaka Sūtra）Volume 41 in the C.V.Starr East Asian Library at University of California, Berkely*，《西夏學》第十二輯，蘭州：甘肅文化出版社，2016 年，第 129～151 頁。（1 號）

按：元刻本，定名作「《大方廣佛華嚴經·十定品》」。

17. 梁繼紅、寇宗東：《景泰藏西夏文〈金光明最勝王經〉考釋》，《寧夏師範學院學報》第 33 卷第 4 期（2012 年），第 84～87 頁。（1 號）

按：甘肅省景泰縣五佛沿寺石窟出土，西夏文木活字本《金光明最勝王經》殘頁。

18. 項璇：《國家圖書館道教文獻殘頁「xixdi11jian1.04-1」等三張考辨》，《寧夏社會科學》2015 年第 4 期，第 140～143 頁。（1 號，三張）

按：靈武出土西夏文獻，xixdi11jian1.04-1、xixdi11jian1.07-1、xixdi11jian1.07-3，重定名作「《靈寶無量度人上品妙經》殘片」。

19. 段玉泉、米向軍：《新發現的西夏文〈聖勝慧到彼岸功德寶集偈〉殘葉考》，《寧夏社會科學》2017 年第 2 期，第 217～219 頁。（1 號）

按：寧夏佑啟堂藏五件，定名作「《聖勝慧到彼岸功德寶集偈》殘葉」。

20. 崔玉謙、劉麗君：《〈日本藏西夏文獻〉收錄漢文刻本〈太平惠民和劑局方〉殘片考》，《西夏學》第十六輯，蘭州：甘肅文化出版社，2018 年，第 206～214 頁。（1 號）

按：寧夏靈武縣出土，39～39B，定名作「《太平惠民和劑局方》殘片」。

21. 黎大祥：《甘肅武威亥母洞石窟寺的幾件西夏漢文文獻考釋》，《西夏學》第十六輯，蘭州：甘肅文化出版社，2019 年，第 270～281 頁。（1 號）

按：無編號，1 件定名作「典當」，2 件定名作「收款記賬單」。

22. 李曉明：《甘肅省博物館藏西夏文詩歌殘篇考》，《西夏學》第十九輯，蘭州：甘肅文化出版社，2019 年，第 302～310 頁。（1 號）

按：甘肅武威張義修行洞出土，G21·002［13202］，原題名為「西夏文刻本佛經殘頁」，重定名作「西夏文《勸世詩》殘篇」。

23. 蔣超年：《武威亥母寺遺址新出土西夏文〈普賢行願品〉考略》，《西夏學》第二十一輯，蘭州：甘肅文化出版社，2020 年，第 200～205 頁。（1 號）

按：2017WH02I 室②：56，定名作「《普賢行願品》殘葉」。

附錄四　西夏佛教研究論著目錄

　　西夏佛教是西夏學研究的重要組成部份，其研究包括佛教文獻整理、教史、教理、政教關係、佛教藝術等諸多方面。佛教在西夏國具有國教地位，因而研究佛教有助於理解西夏人的精神世界，及佛教對夏國文化、政治等的影響。同時，由於地理位置、歷史情境的特殊，西夏與遼、金、宋、元等國家，及漢、吐蕃、回鶻、契丹等民族之間形成了複雜的關係，藉由對西夏佛教的研究，亦有助於理解佛教在跨文化與複雜政治境遇下的功用，以及對漢藏佛教思想交流、碰撞的局面瞭解。

　　西夏學含涉歷史學、宗教學、語言學、文獻學等多個學科，研究具有融攝性、跨學科的特色。由於佛教文獻涵蓋西夏文、漢文、藏文等多個語言，故而，在研究中常帶有語言文獻學（philology）的痕跡。漢傳佛教和藏傳佛教並存於西夏國，不同形態的佛教，促成了西夏佛教的多樣、豐富。

　　對西夏佛教研究文獻的梳理，并製作成目錄，有利於學人利用和瞭解西夏佛教研究的歷史、動態、趨勢。楊志高先生曾編撰《二十世紀西夏學論著資料索引》〔註1〕，該目錄收集範圍以專著與期刊論文為主，對中外西夏學研

〔註1〕楊志高：《二十世紀西夏學論著資料索引》，杜建錄主編：《二十世紀西夏學》，銀川：寧夏人民出版社，2005 年，第 277～478 頁。李勝剛《百年西夏學國內外著作概述》(《寧夏大學學報（人文社會科學版）》2003 年第 1 期，第 61～66 頁）亦有相關論述，文末著者稱，在寫作過程得到了楊志高先生的指導與幫助。二人在國外著作書名、著者譯法上略有差別，如 Luc. Kwanten and Susan Hesse, *Tangut (Hsi Hsia)Studies: A Bibliography*, Research Instiute for Inner Asia Studies Indiana Universty, Bloomington 1980。楊志高將 Luc. Kwanten 譯作魯光東，而李勝剛則譯作呂光東，書名楊志高譯作《西夏學論著目錄》，李勝剛則譯作《西夏研究：一個書目》。
又，編撰中參考 Bibliography of Tangut Studies: A bibliography of works important in the study of the ancient Tangut people（https://en.m.wikibooks.org/wiki/Bibliography_of_Tangut_Studies#, 2022-03-03.）

究資料的收集、整理頗為詳實，但其中佛教研究部份略顯不足，且編者未將學位論文和國家資助研究課題項目納入其中，稍感遺憾。由於學位論文一般不予出版發行，而課題項目可反映出研究的熱點與趨勢，故為較完整的體現西夏佛教研究的情形，筆者將二者亦一同納入收錄範圍，以資補充完善而已。

筆者利用圖書館、數據庫收集相關研究文獻，并按照一定的規則予以編製。編製目錄說明如下：

1. 本目錄所收錄文獻截止時間為 2021 年 12 月，文獻形態包括專著、學位論文。由於國家資助研究課題的成果並不以統一形式出現，或為專著，或為期刊（會議）論文，為了方便起見，僅舉課題名稱。

2. 編排次序。文獻按出版地（所屬國）分為國外和國內，再按照文獻形態，分專著、學位論文，并以出版年份（或學位論文答辯時間）先後進行編排。

國家資助研究課題單獨列項，并以項目確定時間先後編排。

3. 譯著與原著併入國外研究範圍，不單獨列入國內研究範圍。

一、國外西夏佛教研究專著、學位論文

（一）研究專著

1. Eric.Grinstead（ed.）, The Tangut Tripitaka, 9vols, New Delhi: Bombay Art Press. 1973（Published by Dr. Mrs. Sharada Rani 1971〔註2〕）（Sata-pitaka series 83～91）.

2. 西天龍雄：《西夏文〈華嚴經〉》（三冊I、II、III），京都大學文學部 1975、1976、1977 年。

3. 西田龍雄等編：《西夏語佛典目錄》，《西夏文華嚴經》III，京都大學文學部 1977 年。

4.〔美〕鄧如萍：《白高大夏國——11 世紀夏國的佛教和政體》夏威夷大學出版社 1996 年（Dunnell, Ruth W. The Great State of White and High: Buddhism and State Formation in EleventhCentury Xia., Honolulu: University of Hawai' Press, 1995.）

5. 史金波：《西夏佛教史略》，銀川：寧夏人民出版社，1988 年。

〔註 2〕參見 Eric Grinstead, *The Tangut Tripitaka, Background Notes*, Sung Studies New letter（No.6）, 10.1972，pp28～36.楊志高：《印度出版〈西夏文大藏經〉的相關學術背景》,《書品》2008 年第 4 期，第 52～58 頁。

6.〔俄〕密哈依・彼奧特洛夫斯基主編《絲路上消失的王國——西夏黑水城的佛教藝術》，意大利米蘭愛利克塔出版公司，1993 年。（Mikhail Piotrovsky, ed., Lost Empire of the Silk Road: Buddhist Art from Khara Khoto（X-XIIIth century），Milan: Electa and Thyssen-Bornemisza Foundation, 1993）.〔俄〕比奧特羅夫斯基編:《絲路上消失的王國——西夏黑水城的佛教藝術》，許洋主譯，臺北：國立歷史博物館，1996 年。

7. 克恰諾夫:《俄羅斯科學院東方研究所藏西夏佛教文獻目錄》，京都：京都大學，1999 年。（Е. И. Кычанов, Каталог тангутских буддийских памятников Института востоковедения Российской Академии Наук, Киото: Университет Киото, 1999.〔註3〕）

8. 西田龍雄:《西夏語研究と法華経》（1-4），八王子：東洋哲學研究所，2007 年。

9. 西田龍雄:《西夏文〈妙法蓮華経〉訳注》上，八王子：東洋哲學研究所，2000 年。

10. 高橋まり代:《西夏文妙法蓮華経研究》，東京：山喜房佛書林，2008 年。

11. 高橋まり代:《西夏文大方廣佛華嚴経研究》，東京：山喜房佛書林，2007 年。

12. 荒川慎太郎:《西夏文金剛経の研究》，東京：松香堂，2014 年。

（二）學位論文

1. Dunnell, Ruth *Tanguts and the Tangut state of Ta Hsia*, Ph.D.diss, Princeton University, 1983.

   Солонин Кирилл Юрьевич, *Китайский буддизм в тангутском государстве Си-Ся: История и особенностиразвития*, Санкт-Петербург, кандидат исторических наук, 1996.／（*Chinese Buddhist Schools in the Tangut State of Xi Xia*, Ph.D.diss, St Petersburg State University, 1996.）〔註4〕

〔註 3〕該目錄是「目前最為完整的西夏佛教文獻目錄，包含了 768 條具有標題的西夏佛教文獻。該目錄雖然為比較完整的一本，但未收錄大部份缺標題西夏文獻，因而保留著龐大的研究空間。」（索洛寧:《西夏佛教研究學術價值增加》，《中國社會科學報》2012 年 11 月 23 日 A06）

〔註 4〕索洛寧:《中國佛教宗派在唐古特西夏國：歷史和發展的特點》，聖彼得堡國立大學博士學位論文，1996 年。

2. 索洛寧（K・Solonin）《佛法之傳入：華嚴禪佛教在西夏》，聖彼得堡：聖彼得堡大學，2007 年。（*The Acquisition of the Doctrine. The Huayan-Chan Tradition in Buddhism of the Tangut State of Xi Xia*／〔Кирилл Юрьевич Солонин, Обретение Учения. Традиция Хуаянь-Чань *в буддизме тангутского государства Си-Ся*, Издательство С.-Петербургского Университета, 2007.〕〔註5〕

3. 荒川慎太郎：《西夏文〈金剛経〉の研究：言語学的研究・校訂テキスト・訳注》，京都：京都大學博士論文，2002 年。

4. 藤本匡：《西夏仏教史考》，京都：龍谷大學碩士論文。〔註6〕

二、國內西夏佛教研究專著、學位論文

（一）研究專著

1. 羅福成：《西夏譯〈蓮華經〉考釋》（石印本），京都：東山學社，1914 年。

2. 雷潤澤、于存海、何繼英編著：《西夏佛塔》，北京：文物出版社，1995 年。

3. 史金波：《西夏佛教史略》，銀川：寧夏人民出版社，1988 年；臺北：臺灣商務印書館，1993 年。〔註7〕

4. 謝繼勝：《西夏藏傳繪畫：黑水城出土西夏唐卡研究》，石家莊：河北教育出版社，2001 年。

5. 胡若飛：《西夏軍事制度研究・〈本續〉密咒釋考》，呼和浩特：內蒙古大學出版社，2003 年。

6. 林英津：《西夏語譯〈真實名經〉釋文研究》，《語言暨語言學》專

〔註 5〕http://iranica.orientalstudies.ru/eng/index.php?option=com_personalities&Itemid=74&person=106，2013-07-30。英文、俄文書名為俄羅斯科學院東方文獻研究所官網上所公布索洛寧簡介中所提供，與索洛寧《西夏佛教研究學術價值增加》中所提及實為同一專著名稱，但中譯名與英文、俄文書名稍有差異。《佛法之傳入：華嚴禪佛教在西夏》和 *The Acquisition of the Doctrine. The Huayan-Chan Tradition in Buddhism of the Tangut State of Xi Xia*; *Обретение Учения. Традиция Хуаянь-Чань в буддизме тангутского государства Си-Ся*。（《教義（佛法）的引入：華嚴禪的傳統在西夏唐古特國佛教中》）。

〔註 6〕此簡訊出自藤本匡：《西夏仏教史考（修士論文要旨）》，《龍谷大學大學院文学研究科紀要》第 27 集（2005 年 12 月 10 日），第 353～356 頁。文中注明畢業答辯年份，且龍谷大學圖書館亦未撿得論文信息，故年份暫省略。

〔註 7〕國內迄今為止從整體上研究西夏佛教的專著，此後更為系統的西夏佛教史研究的專著未見出版。

刊甲種之八，臺北：中央研究院語言學研究所，2006 年。後收入李範文主編《西夏研究》第 8 輯，北京：中國社會科學出版社，2008 年，第 647～1113 頁。

7. 介永強：《西北佛教歷史文化地理研究》，北京：人民出版社 2008 年。〔註8〕

8. 孫伯君：《西夏新譯佛經陀羅尼的對音研究》，北京：中國社會科學出版社，2010 年。

——孫伯君、聶鴻音：《西夏文藏傳佛教史料：「大手印」法經典研究》，北京：中國藏學出版社，2018 年。

——聶鴻音、孫伯君：《西夏譯華嚴宗著作研究》，銀川：寧夏人民出版社，2018 年。

9. 崔紅芬：《西夏河西佛教研究》，北京：民族出版社，2010 年。〔註9〕

——《文化融合與延續：11～13 世紀藏傳佛教在西夏的傳播與發展》，北京：民族出版社，2014 年。

——崔紅芬、文志勇：《文化認同視域下的西夏藏傳佛教研究》，北京：中國社會科學出版社，2021 年。

10. 楊富學：〈第七章　西夏佛教〉，賴永海主編《中國佛教通史》第十卷（南京：江蘇人民出版社 2010 年）；田德新：〈第九章　西夏時期〉，杜斗城等《河西佛教史》（北京：中國社會科學出版社 2009 年）

11. 黃延軍：《中國國家圖書館藏西夏文〈大般若波羅蜜多經〉研究》（上下冊），北京：民族出版社，2012 年。

12. 段玉泉：《西夏〈功德寶集偈〉跨語言對勘研究》，上海：上海古籍出版社，2014 年。

13. 楊志高：《西夏文〈經律異相〉整理研究》，北京：社會科學文獻出版社，2014 年。

14. 胡進杉：《西夏佛典探微》，上海：上海古籍出版社，2015 年。

〔註 8〕此為作者博士學位論文（陝西師範大學 2004 年）之修訂版。略述西夏佛教一二。

〔註 9〕此為作者博士學位論文《西夏時期的河西佛教》（蘭州大學 2006 年）之修訂版。
崔紅芬（寧夏社科院）《西夏時期的河西佛教》05XMZ019 西部項目 2005-07-01（《西夏河西佛教研究》）

15. 寧夏文物考古研究所編著：《西夏宏佛塔》（上下冊），北京：文物出版社，2017 年。

16. 安婭：《西夏文藏傳〈守護大千國土經〉研究》，臺北：花木蘭文化出版社，2017 年。

17. 張九玲：《西夏文〈大隨求陀羅尼經〉研究》，臺北：花木蘭文化出版社，2017 年。

18. 沈衛榮：《西夏佛教文獻與歷史研究》，蘭州：甘肅文化出版社，2018 年。

19. 宋坤：《黑水城漢文藏外佛教文獻若干問題研究》，蘭州：甘肅文化出版社，2020 年。

20. 樊麗沙：《出土文獻所見漢傳佛教在西夏的傳播及影響》，北京：中國社會科學出版社，2020 年。

21. 麻曉芳：《西夏文〈大寶積經·善住意天子會〉研究》，蘭州：甘肅文化出版社，2020 年。

22. 〔俄羅斯〕葉·伊·克恰諾夫：《俄藏黑水城西夏文佛經敘錄》，崔紅芬、文志勇譯，蘭州：甘肅文化出版社，2021 年。

（二）學位論文

1. 佛教文獻與思想

（1）介永強：《西北佛教歷史文化地理研究》，西安：陝西師範大學博士學位論文，2004 年。

（2）崔紅芬：《西夏時期的河西佛教》，蘭州：蘭州大學博士學位論文，2006 年。

（3）孫昌盛：《西夏文〈吉祥遍至口合本續〉（第四卷）研究》，南京：南京大學博士學位論文，2006 年。

（4）戴忠沛：《西夏文佛經殘片的藏文對音研究》，北京：中國社會科學院博士學位論文，2008 年。

（5）段玉泉：《語言背後的文化流傳：一組西夏藏傳佛教文獻的解讀》，蘭州：蘭州大學博士學位論文，2009 年。

（6）王培培：《西夏文〈維摩詰所說經〉研究》，北京：中國社會科學院博士學位論文，2010 年。

（7）安婭：《西夏文藏傳〈守護大千國土經〉研究》，北京：中國社會科學

院博士學位論文，2011 年。

（8）樊麗沙：《漢傳佛教在西夏的傳播及影響——以出土文獻為中心》，蘭
　　　州：蘭州大學博士學位論文，2012 年。（後修訂成《出土文獻所見漢
　　　傳佛教在西夏的傳播及影響》，北京：中國社會科學出版社，2020 年）
　　　——《漢傳佛教在西夏的傳播和影響》，蘭州：西北民族大學碩士學位
　　　論文，2009 年。

（9）馮雪俊：《西夏文〈大方廣佛華嚴經·十定品〉譯釋》，西安：陝西師
　　　範大學博士學位論文，2013 年。

（10）田德新：《西夏佛教研究》，蘭州：蘭州大學碩士學位論文，1999 年。
　　　（後收入《法藏文庫·中國佛教學術論典》第 50 冊，高雄：佛光山
　　　文教基金會，2001 年）

（11）王軍濤：《西夏時期藏傳佛教在河西地區的傳播與發展》，蘭州：西北
　　　民族大學碩士學位論文，2008 年。

（12）張超：《佛教在西夏傳播的社會歷史條件》，長春：東北師範大學碩士
　　　學位論文，2009 年。

（13）高輝：《西夏文〈大般若波羅蜜多經〉卷第一百三譯注》，銀川：寧夏
　　　大學碩士學位論文，2008 年。

（14）孟愛華：《西夏文〈悲華經〉卷九譯注》，銀川：寧夏大學碩士學位論
　　　文，2008 年。

（15）蘇建文：《西夏文〈大方廣佛華嚴經普賢行願品〉釋文》，銀川：寧夏
　　　大學碩士學位論文，2009 年。

（16）李燦：《元代西夏人的華嚴懺法——以〈華嚴經海印道場懺儀〉
　　　為中心》，北京：北京大學碩士學位論文，2010 年。

（17）宋坤：《俄藏黑水城宋慈覺禪師〈勸化集〉研究》，石家莊：河北師範
　　　大學碩士學位論文，2010 年。

（18）李楊：《〈佛頂尊勝陀羅尼經〉西夏文諸本的比較研究》，北京：中國社
　　　會科學院研究生院碩士學位論文，2011 年。

（19）范立君：《俄藏黑水城發願文研究》，蘭州：蘭州大學碩士學位論文，
　　　2011 年。

（20）黃偉：《西夏與北宋佛教政策和管理比較研究》，武漢：湖北大學碩士

學位論文，2011 年。

（21）韓瀟銳：《西夏文〈大寶積經・普明菩薩會〉研究》，北京：中國社會科學院研究生院碩士學位論文，2012 年。

（22）高振超：《西夏文〈經律異相〉（卷十五）考釋》，西安：陝西師範大學碩士學位論文，2012 年。

（23）張瑞敏：《西夏文〈添品妙法蓮華經〉（卷二）譯釋》，西安：陝西師範大學碩士學位論文，2012 年。

（24）朱姝民：《從武威出土文物看西夏時期的涼州佛教》，蘭州：蘭州大學碩士學位論文，2013 年。

（25）尹江偉：《西夏文〈阿毗達磨順正理論〉卷五譯釋》，西安：陝西師範大學碩士學位論文，2013 年。

（26）王長明：《西夏文〈大般若波羅蜜多經〉（卷一）考釋》，西安：陝西師範大學碩士學位論文，2014 年。

（27）付佩寧：《西夏文〈佛說佛母出生三法藏般若波羅蜜多經〉卷十九譯釋》，西安：陝西師範大學碩士學位論文，2014 年。

（28）張瀟：《西夏時期藏傳佛教在寧夏地區的發展和影響——以考古實物資料為中心》，南京：南京大學碩士學位論文，2014 年。

（29）郝振宇：《西夏文〈大寶積經〉卷一考釋》，西安：陝西師範大學碩士學位論文，2015 年。

（30）任紅婷：《西夏文〈佛說佛母出生三法藏般若波羅蜜多經〉（卷十六）研究》，西安：陝西師範大學碩士學位論文，2016 年。

（31）母雅妮：《西夏文〈大般若波羅蜜多經〉（卷三百三十八）考釋》，西安：陝西師範大學碩士學位論文，2016 年。

（32）任長幸：《西夏文〈大般若・初分諸功德相品〉譯釋》，西安：陝西師範大學碩士學位論文，2016 年。

（33）多傑才讓：《論佛教在西夏王朝的傳播》，西寧：青海民族大學碩士學位論文，2016 年。

（34）白乖乖：《西夏與周邊民族的佛教關係》，銀川：北方民族大學碩士學位論文，2018 年。

（35）王麗娟：《從出土唐卡看西夏的金剛亥母信仰》，蘭州：西北師範大學

碩士學位論文，2018 年。

（36）張永富：《〈經律異相〉等夏譯典籍謂詞詞頭量化研究》，銀川：寧夏大
學碩士學位論文，2018 年。

（37）賈搏：《西夏文〈現在賢劫千佛名經〉（上卷）考釋》，西安：陝西師範
大學碩士學位論文，2018 年。

（38）曾金雪：《西夏文〈大般涅槃經〉卷二十二譯釋研究》，西安：陝西師
範大學碩士學位論文，2018 年。

（39）伊茂彬：《西夏文〈大般若波羅蜜多經〉卷二十一考釋》西安：陝西師
範大學碩士學位論文，2019 年。

（40）秦士豔：《西夏文《不空羂索神變真言經〉卷十八譯釋研究》，西安：
陝西師範大學碩士學位論文，2019 年。

（41）楊冰華：《敦煌西夏洞窟營建所涉佛事研究》，西安：陝西師範大學碩
士學位論文，2019 年。

（42）陳連龍：《西夏文〈心經〉研究》，西安：陝西師範大學碩士學位論文，
2019 年。

（43）趙陽：《俄藏黑水城漢文佛教文學文獻研究》，蘭州：蘭州大學碩士學
位論文，2019 年。

（44）蔡莉：《西夏文佛教偽經考》，銀川：寧夏大學碩士學位論文，2019 年。

（45）馬萬梅：《西夏文〈金光明最勝王經〉卷六校譯研究》，銀川：寧夏大
學碩士學位論文，2019 年。

（46）婁妍：《西夏文〈大般涅槃經〉卷三十譯釋研究》，重慶：西南大學碩
士學位論文，2021 年。

（47）梁聰：《西夏文〈大寶積經・佛為阿難說處胎會〉釋讀研究》，保定：
河北大學碩士學位論文，2021 年。

2. 佛教藝術

（1）謝繼勝：《黑水城出土西夏唐卡研究》，中央美術學院博士學位論文，
2000 年。（後收入《法藏文庫・中國佛教學術論典》第 88 冊，高雄：
佛光山文教基金會，2001 年）

（2）王豔雲：《西夏晚期七大經變畫探析》，北京：首都師範大學博士學位
論文，2003 年。

（3）賈維維：《榆林窟第 3 窟壁畫研究》，北京：首都師範大學博士學位論文，2014 年。

（4）王勝澤：《美術史背景下敦煌西夏石窟繪畫研究》，蘭州：蘭州大學博士學位論文，2019 年。

（5）卯芳：《情感與理想的寄託：榆林窟第 3 窟〈文殊變〉〈普賢變〉壁畫藝術探究》，蘭州：西北師範大學碩士學位論文，2006 年。

（6）王曉玲：《西夏晚期石窟壁畫藝術特色探析─以榆林二窟、三窟、二十九窟、東千佛洞二窟為例》，蘭州：西北民族大學碩士學位論文，2007 年。

（7）汪旻：《瓜州東千佛洞二窟壁畫〈水月觀音〉的藝術特色》，蘭州：西北師範大學碩士學位論文，2009 年。

（8）王海：《西夏時期佛教建築研究》，銀川：寧夏大學碩士學位論文，2011 年。

（9）常紅紅：《甘肅瓜州東千佛洞第五窟研究》，北京：首都師範大學碩士學位論文，2011 年。

（10）何旭佳：《西夏水月觀音圖像研究》，蘭州：蘭州大學碩士學位論文，2012 年。

（11）馬瑤：《敦煌〈引路菩薩圖〉與黑水城〈阿彌陀佛來迎圖〉的比較與分析》，西安：陝西師範大學碩士學位論文，2014 年。

（12）張世奇：《敦煌西夏石窟千佛圖像研究》，蘭州：西北師範大學碩士學位論文，2015 年。

（13）魯海鳴：《東千佛洞二窟壁畫圖像配置及造像研究》，蘭州：西北師範大學碩士學位論文，2017 年。

（14）朱生雲：《榆林窟第 29 窟壁畫研究》，西安：陝西師範大學碩士學位論文，2018 年。

（15）金鵬：《西夏水月觀音造像研究》，銀川：寧夏大學碩士學位論文，2018 年。

（16）張宏利：《東千佛洞第二窟施寶度母圖像探析》，西安：陝西師範大學碩士學位論文，2019 年。

（17）黃新：《西夏時期佛塔研究》，包頭：內蒙古科技大學碩士學位論文，

2019 年。

（18）楊雪：《敦煌西夏時期〈文殊變〉〈普賢變〉研究》，南京：南京師範大學碩士學位論文，2021 年。

（19）楊梅：《俄藏黑水城出土淨土變繪畫藝術研究及對繪畫創作的指導》，銀川：寧夏大學碩士學位論文，2021 年。

（20）倪允：《俄藏黑水城西夏〈阿彌陀佛接引圖〉圖像藝術探析》，銀川：寧夏大學碩士學位論文，2021 年。

（21）王靜雯：《西夏時期上樂金剛圖像研究》，銀川：寧夏大學碩士學位論文，2021 年。

三、西夏文獻目錄著作

（一）國外著作

1. K‧K‧弗魯格《蘇聯科學院東方學研究所藏漢文古佛教寫本簡明目錄》，《東方書目》第 8 卷，莫斯科，1936 年。

2. 克恰諾夫、戈爾芭切娃：《西夏文寫本及木刻本——蘇聯科學院亞洲民族研究所所藏西夏文已考訂寫本及刊本目錄》，莫斯科：東方文獻出版社，1963 年。（Е. И. Кычанов, З. И. Горбачевщй, Тангутские рукописи и ксилографы. Список отождествленных и орпеделенных тангутских русописей и ксилографов коллелции Института народов Азии АН СССР, Москва: Издательство восточной литературы, 1963.）〔註10〕

3. 孟列夫：《黑水城文獻漢文部份敘錄》，莫斯科：科學出版社，1984 年。Л. Н. Меньшиков Описание китайской части коллекции из Хара-Хото（фонд П.К. Козлова）, Москва: Изд-во "Наука," Глав. ред. восточной лит-ры, 1984.〔註11〕

4. 馬伯樂：《斯坦因第三次中亞探險所獲漢文文書》，倫敦：大英博物館，1953 年。（Henri Maspero. *Les Documents Chinois de la Troisième Expédition de Sir Aurel Stein en Asie Centrale.* The Trustees of the British

---

〔註10〕漢譯本白濱譯、黃振華校，載《民族史譯文集》第 3 集，中國社會科學院民族研究所社會歷史資料室 1978 年，第 1～113 頁。

〔註11〕漢譯本：孟列夫：《黑城出土漢文遺書敘錄》（《哈拉浩特出土漢文遺書敘錄（科茲洛夫卷）》），王克孝譯，銀川：寧夏人民出版社，1994 年。

Museum1，1953） 〔註 12〕

5. 克恰諾夫：《俄羅斯科學院東方研究所藏西夏佛教文獻目錄》，京都：京都大學，1999 年。（E. И. Кычанов, Каталог тангутских буддийских памятников Института востоковедения Российской Академии Наук, Киото: Университет Киото, 1999／Kyoto: Kyoto University, 1999.） 〔註 13〕

6. 西田龍雄等編《西夏語佛典目錄》，《西夏文華嚴經》III，京都大學文學部，1977 年。

 E. Kyanov, *Catalogue of Tangut Buddhist Text*, Kyoto Faculy of Letters of Kyoto University, 1999.

7. 周叔迦編《館藏西夏文經典目錄》，《國立北平圖書館館刊》第 4 卷第 3 號，1932 年，第 2763～2834 頁（1-72），按：夏字 100 號；《館藏舊刻經典雜卷目錄》，第 2836～2844 頁。按：漢字 12 號。

8. 羅福成《館藏西夏文經典目錄考略》，《國立北平圖書館館刊》第 4 卷第 3 號，1932 年，第 2845～2864 頁。

9. 羅福成《各家藏西夏文書籍略記》，《國立北平圖書館館刊》第 4 卷第 3 號，1932 年，第 2865～2870 頁。

10. 聶歷山《蘇俄研究院亞洲博物館藏西夏文書籍目錄》，《國立北平圖書館館刊》第 4 卷第 3 號，1932 年，第 2871～2876 頁。

11. A. A. Dragunov, *A Catalogue of Hsi-Hsia (Tangut) Works in the Asiatic Museum, Academy of Sciences*, Leningrad. *Pp*2877～2881. 〔註 14〕

〔註 12〕 對黑水城漢文文獻的介紹從 473 號（KK.VI.2（a））到 607 號（KK.II.0280（b）·（iii）），共 134 件。其中佛教文獻（Livres bouddhiques）從 571 號（KK.vi.04（b））至 607 號（KK.II.0280（b）·（iii）），共 36 號。相關內容可參見 *Les Documents Chinois de la Troisième Expédition de Sir Aurel Stein en Asie Centrale*, pp192～231。

〔註 13〕 該目錄是「目前最為完整的西夏佛教文獻目錄，包含了 768 條具有標題的西夏佛教文獻。該目錄雖然為比較完整的一本，但未收錄大部份缺標題西夏文獻，因而保留著龐大的研究空間。」（索洛寧：《西夏佛教研究學術價值增加》，《中國社會科學報》2012 年 11 月 23 日 A-06）

〔註 14〕 原題作「蘇俄研究院亞洲博物館藏西夏文書籍目錄二則」。
一、聶歷山《蘇俄研究院亞洲博物館藏西夏文書籍目錄》，並題「一、聶歷山致裴守和先生函（函）。（上略）承詢亞細亞博物館所藏西夏書目錄事，因迄未編成，無以奉呈歉甚歉甚。某自本月朔日起，每日到博物館工作，擬逐漸編成一目，今約舉所知如次」。其漢譯分作佛書（21；漢—夏 19、西番—夏 2）、字書（5）、其他（9），共 35 號。

（二）國內著作

1. 王靜如《蘇俄研究院亞洲博物館所藏西夏文書目譯釋》,《國立北平圖書館館刊》第 4 卷第 3 號,1932 年,第 2883～2887 頁。

2. 聶歷山《亞細亞博物館西夏書籍目錄》,《國立北平圖書館館刊》第 4 卷第 3 號,1932 年,第 2889～2892 頁。按:夏漢對照 41 號。〔註15〕

3. 方廣錩:《寧夏西夏方塔漢文佛典敘錄》,方廣錩主編:《藏外佛教文獻》第 7 輯,北京:宗教文化出版社,2000 年,第 372～415 頁。

4. 樓曉尉:《黑水城漢文佛教文獻研究——以定名、目錄為中心》,蘇州:戒幢佛學研究所碩士學位論文,2016 年。

四、國內外科研項目

（一）國家社科與教育部研究項目

1. 楊志高（寧夏大學）《西夏譯本〈慈悲道場懺法〉研究（第 3 卷）》,寧教高〔2006〕237 號,寧夏高校科研項目（教育廳一般項目）,2006 年。
   ——《西夏譯本〈梁皇懺〉敘錄與第一卷研究》,SK0616,寧夏大學社科基建項目,2006 年。
   ——《〈慈悲道場懺法〉西夏譯本的復原與研究》,12XMZ014,國家社科基金西部項目,2012 年。
   ——《俄藏西夏文草書佛典解讀研究》,18XMZ015,國家社科基金西部項目,2018 年。

2. 崔紅芬（寧夏社科院）《西夏時期的河西佛教》,05XMZ019,國家社科基金西部項目,2005 年。

二、龍果夫（A. A. Dragunov 得拉古諾夫）《列寧格勒科學院亞洲博物館藏西夏文圖書目錄》（*A Catalogue of Hsi-Hsia (Tangut) Works in the Asiatic Museum, Academy of Sciences,* Leningrad.）,全錄僅以西夏文著錄,共 41 號。

〔註15〕佛書 24（漢夏 22、西番—夏 2）,漢籍 5,西夏籍 12。此目與聶氏同刊所載《蘇俄研究院亞洲博物館藏西夏文書籍目錄》不完全一致,情況如下:
西夏籍多四種,即要集、聖立義海、德行集、賢智集;少一種,即五聲韻表。夏譯漢佛書多七種,即慈悲道場懺法、佛頂心觀世音菩薩大陀羅尼經、寶藏論、金剛般若波羅蜜經、拔濟苦難陀羅尼經、維摩詰所說經、金光明最勝王經;少四種,即根本說一切有部目得迦、阿毗達磨順正理論、佛說阿彌陀經、佛本行集經。

——（河北師範大學）《文化認同視域下的西夏藏傳佛教研究》，12BMZ015 國家社科基金一般項目，2012 年。

——（河北師範大學）《西夏文佛教文獻遺存唐譯經的整理與綜合研究》，19ZDA240，國家社科基金重大項目，2019 年。

3. 樊麗沙（蘭州大學）《漢傳佛教在西夏的傳播及影響研究》，12BZJ036，國家社科基金一般項目，2012 年。

——《西夏漢傳佛教流佈考——以出土文獻為中心》，12YJCZH037，教育部青年基金項目，2012 年。

4. 孫伯君（中國社會科學院）《黑水城出土西夏文藏傳佛教史料研究》，11BMZ018，國家社科基金一般項目，2011 年。

——（北方民族大學）《西夏文〈大寶積經〉整理研究集成》，16BMZ026，國家社科基金一般項目，2016 年。

——（中國社會科學院）《元代白雲宗西夏文資料彙釋與研究》，20FMZA001，國家社科基金後期資助項目，2020 年。

5. 史偉（寧夏大學）《東千佛洞西夏繪畫藝術研究》，11XMZ033，國家社科基金西部項目，2011 年。

6. 王豔春（寧夏社會科學院）《日本藏西夏文佛經典籍整理研究》，09XZJ001，國家社科基金西部項目，2009 年。

7. 黃延軍（中央民族大學）《西夏文〈大般若波羅密多經〉整理》，教育部人文社科一般項目，2008 年。

8. 段玉泉（蘭州大學）《語言背後的文化流傳：一組西夏藏傳佛教文獻解讀》，08BMZ013，國家社科基金一般項目，2008 年。

——（寧夏大學）《西夏佛教序跋題記整理與研究》，10YJA730002，教育部人文社科（教育部高校古委會項目）一般項目，2010 年。

9. 公維章（泰山學院）《西夏元明清時期的敦煌佛教》，08CZS020，國家社科基金——青年項目，2008 年。

10. 趙學東（西北民族大學）《西夏、蒙元時期藏傳佛教與河西多民族社會的交融》，15XZS020，國家社科基金西部項目，2015 年。

11. 孫昌盛（北方民族大學）《西夏文藏傳佛經「〈本續〉諸注疏」整理研究》，15BMZ017，國家社科基金一般項目，2015 年。

12. 沙武田（陝西師範大學）《敦煌西夏石窟研究》，16ZDA116，國家社科基

金重大項目，2016 年。

13. 賈維維（浙江大學）《11～13 世紀多民族佛教文化視域下的河西地區西夏》，17CZJ022，國家社科基金青年項目，2017 年。

14. 馮雪俊（陝西師範大學）《西夏華嚴信仰研究》，17XZJ013，國家社科基金西部項目，2017 年。

15. 文志勇（河北師範大學）《黑水城出土佛教疑偽經整理與研究》，19BZJ023，國家社科基金一般項目，2019 年。

16. 余軍（寧夏社會科學院）《敦煌西夏石窟分期研究》，20BZS010，國家社科基金一般項目，2020 年。

17. 常紅紅（四川美術學院）《甘肅東千佛洞西夏石窟研究》，20BZJ019，國家社科基金一般項目，2020 年。

18. 劉永增（敦煌研究院）《瓜州榆林窟第 4 窟的研究》，20AKG006，國家社科基金重大項目，2020 年。

（二）國外研究項目

1. 荒川慎太郎（京都大学）《西夏語仏教文献の言語学的研究》，00J02788，特別研究員奬勵費，2000 年。

　　──（東京外國語大學）《西夏時代の河西地域における歴史・言語・文化の諸相に関する研究》，19520598，基盤研究（C），2007 年。（按：部分涉及西夏佛教、西夏佛教文獻）

2. 高橋まり代《西夏文〈華嚴経〉中の仏教用語の夏漢対照表、およびそれらとチベット語との比較》，17901016，奬勵研究，2005 年度。

　　──《西夏文〈法華経〉のデータベース化および漢文・チベット文との比較対照研究》，19901015，奬勵研究，2007 年。

3. 佐藤貴保（新潟大學）《西夏語文献から見た、モンゴル軍侵攻期における西夏王国の防衛体制・仏教信仰の研究》，24520798，基盤研究（C），2011 年。

附錄五　黑水城漢文佛教文獻
待定名總錄及其錄文

一、中國藏黑水城待定名漢文佛教文獻

1. M1・1378［F9：W13］密宗修法殘頁（第 8 冊，第 1712 頁）

□□□□□□□□□□唯願此本我□

□□□□□金剛憫念於我住十方界一切

滿及一切金剛作行善逝眾等憫念於

我弟子〔某甲〕自從今日直至菩提上師大持

金剛願攝〔1〕受我身願攝〔2〕受我語願攝〔3〕受

我意願我現攝〔4〕受願令成熟願令滿足

具大攝〔5〕受願令增盛身語意三願獲

攝受上師本佛空行母三與我身語意

願攝〔6〕受〔誦三遍七遍師亦身語意三放大光明入資（置）〔7〕頂中光明
充滿一身如闇室明燈身語意三一切業障如黑墨汗流並道及諸毛孔一身〕

校記

〔1〕〔2〕〔3〕〔4〕〔5〕〔6〕攝，原卷形近「标」（寫卷中「木」旁作「扌」〔註1〕）。
　　　李逸友錄「标受」，〔註2〕誤也，應作「攝受」。原卷所書「攝」，乃草書楷化
　　　而成。

〔7〕資，疑當作「置」，安置也。「資」「置」中古時期分別為精紐、知紐，然此二

────────────

〔註 1〕按：寫本中「木」「扌」二旁常混用。
〔註 2〕《黑城出土文書（漢文文書卷）》，第 221 頁。

紐在現代方言（江淮方言、吳方言、贛方言等）中存在合流現象，〔註3〕致二者語音相近，同時，語音合流屬於語音歷史演化的結果，宋元時期知、章、莊三組已逐漸發生合流，〔註4〕此從《中原音韻》可窺見其端倪。既然從現代方言和歷史文獻皆可知存在語音合流現象，那麼西夏所處宋元北方地區發生精紐、知紐合流並非不可能。又，《廣韻·志韻》：「置，知母，開口，三等、去聲」；《廣韻·脂韻》：「資，精母，開口、三等、平聲」。如是可知，「置」「資」韻調相近。若精紐、知紐於宋元西夏地區合流存在，則「置」「資」二字語音相近易訛。

按：殘葉所存內容與藏傳佛教密宗修法相關，就存「上師」「本佛」「空行母」「攝受」及長行下小字注文觀想淨除業障之境相而言，屬於某種上師修法儀軌的集資淨障部分，然修法所依上師、本佛（尊）之名未存，實難斷定屬於何種具體修法儀軌。若從內容而言，似作「上師修法儀軌殘片」更貼近殘片內容。

2. M1‧1380〔F14：W11〕佛經殘頁（第8冊，第1714頁）

〔前缺〕

形〔1〕上窈窕面（而）立自心間搓〔2〕字出光照著法界一切有

情離〔3〕苦獲樂成得无［無］上佛果菩提其光復迴融入

搓字多放光召請智搓〔4〕麻〔5〕帝來至面〔6〕前念召請

偈

　　空□〔7〕安住最殊勝　　廣大天母搓麻〔8〕■□□

　　□□〔9〕青紅火焰內　　□□□□□□□□□□

　　□□□□莊嚴身　　□□□□□□□□□□

〔後缺〕

〔註3〕關於方言中知莊章精聲母合流討論甚多，如李瑞禾《〈廣韻〉莊組、章組、知組合精組在現代漢語方言區的合流與分化》，《西昌學院學報·社會科學版》第17卷第2期（2005年6頁），第9～11頁；邢向東、張雙慶《關中東府方言古知莊章組合口字與精組字合流的內外因素》，《語言研究》第34卷第1期（201年1月），第41～46頁；張偉芳《常州方言中知莊章精見組聲母的合流現象及歷史演變》，《常州工學院學報（社科版）》第32卷第1期（2014年2月），第61～65頁；吳波《中古精組及知見系聲母在江淮官話中的塞化音變》，《語文研究》2008年第3期，第60～61頁；等等。

〔註4〕王力《漢語史稿》，北京：中華書局，1980年，第136～137頁。

校記

〔1〕![字] ，李逸友錄作「瓶」。〔註5〕「![字]」右側「彡」寫法，敦煌俗字有之。

〔2〕拶，李逸友錄作「岁」。〔註6〕第三、四行中「拶」，李逸友亦錄作「岁」。另，該行「智」後「拶」，李逸友未錄。拶者，對音作 ca 或 ja，此為觀想之用。

〔3〕![字] ，離。李逸友錄作「難」。〔註7〕

〔4〕原卷殘損，所存構件形近「拶」。

〔5〕〔8〕![字] ，李逸友錄作「赤」，〔註8〕此字形亦可見於 A7 慈烏大黑要門（18-1）（18-4）（18-5），從「慈烏大黑要門」前後文，應作「麻」，其省「林」中間捺、撇二筆。

〔6〕面，李逸友錄作「而」。〔註9〕

〔7〕李逸友錄作「中」。〔註10〕

〔9〕李逸友錄作「体」。〔註11〕

　　按：《大黑天神及白姐聖妃儀贊》有偈云：「參隨窈窕諸天女，雲集光臨遶聖圍（圖）」。〔註12〕

3. M1‧1383 佛經殘頁（第8冊，第1717頁）

［前缺］

攝受故

□□護六道如一子

生死深泥希出難

空有一相咸悟了

速願焚燒諸妄想

普願調伏諸施等

［後缺］

〔註 5〕《黑城出土文書》，第 220 頁。
〔註 6〕《黑城出土文書》，第 220 頁。
〔註 7〕《黑城出土文書》，第 220 頁。
〔註 8〕《黑城出土文書》，第 220 頁。
〔註 9〕《黑城出土文書》，第 220 頁。
〔註 10〕《黑城出土文書》，第 220 頁。
〔註 11〕《黑城出土文書》，第 220 頁。
〔註 12〕《大理叢書‧大藏經篇》第 1 冊，北京：民族出版社，2008 年，第 431 頁。

〔前缺〕

□慈■□□

□日輪□者

□至永〔1〕銷鑠

□□出塵沙

□□終不盡

□口

□謎　烘

乞賜主戒并成就

法門義相希悉〔2〕解

願速□離執著心

〔後缺〕

校記

〔1〕原卷紙張褶皺，故使得部份筆劃難以辨清，「至永」，亦近「室水」。與下文「銷鑠」相連，「至永銷鑠」，更符合文意，故定作「至永」。

〔2〕原卷作恙，悉之俗寫。〔註13〕

〔前缺〕

本佛護法善神等悉降蓮誦唵

啞吽七遍攝受彼食成白色甘露次

誦本咒三遍或七遍二十一遍已祝偈云

淨界大悲者　願悉受茲供

以法界力故　所奉成無盡

隨意禱祝奉送佛會矣

讚歎聖者偈曰

聖者光瑩身白色

煩惱垢染不能污

一㤢〔1〕圓滿含歡悅

〔後缺〕

〔註13〕潘重規編：《龍龕手鑒新編》，北京：中華書局，1988年，第122頁。

校記

〔1〕原卷此字上部殘，面、囲，似皆可，然「囲」上無橫筆之痕跡，故定作「囲」。

按：「唵啞吽」為三字總持咒，《佛說大白傘蓋總持陀羅尼經》：「若疲倦時欲奉施食，則面前置施食，念唵啞吽三字呪攝受，變成甘露。」〔註14〕又，本佛，亦為本尊。

4. M1・1384［F13：W1］**佛經殘頁**（第8冊，第1718頁）

□……□斯三轉復禱告云大宝［寶］上師三世諸佛身語□……□

□……□我從今日而為始　乃至證得不二処［處］□……□

按：殘片內容或屬某種密教上師祈請文的部分。

5. M1・1386［F13：W7］**佛教殘頁**（第8冊，第1718頁）

□……□耀黃金眉長而秋月□□……□

□……□蓮花口似顏□□□□……□

6. M1・1390［F21・W1］**佛經殘頁**（第8冊，第1721頁）

□……□□□□□利〔1〕益群生□……□

□……□■金輪光明上照於□……□

□……□慈悲■■（廣大）〔2〕■■□……□

校記

〔1〕原字僅存「禾」，據下文意補入。

〔2〕廣大，據殘存構件擬定補入。

7. M1・1391［F20・W5］**佛經殘頁**（第8冊，第1721頁）

［前缺］

五穀真□（言）〔1〕□……□

□悉（啜）怛□□……□

五藥真□（言）〔2〕□……□

唵　割捺三麻□……□

五香真□（言）〔3〕□……□

校記

〔1〕〔2〕〔3〕言，據文意補入。

按：五藥、五穀、五香，漢譯密教典籍中載有五藥、五穀、五香，但各經典中所載內容稍有差別，如五香，《蘇悉地羯羅經》作沈水香、白檀香、紫檀香、娑羅羅香、天木香，《成就妙法蓮華經王瑜伽觀智儀軌》作沈香、丁香、鬱金香、龍腦香等，《妙吉祥平等祕密最上觀門大教王經》作白栴檀香、紅栴檀香、牛頭香、工骨摩香、龍腦香，等等。又，密教不同修法中藥、香、穀、寶、甘露等單用、共用不同，使用方法、處所不同，如護摩（homa）修法中施供五穀於火中，又如建立曼荼羅（maṇḍala，壇）時，將五藥、五穀、五香、五寶、五甘露置於之中央。此殘片缺損嚴重，暫無法確定所屬經典或密教修法。

8. M1・1392 [F211：W1] 佛經殘頁（第 8 冊，第 1722 頁）

□……□上報佛恩下■□……□
□……□法界有情同■□……□

按：此屬於佛教祈願文辭，一般用於祈願偈頌。

9. M1・1399 [F209：W6] 佛經殘頁（第 8 冊，第 1726 頁）

〔前缺〕

□……□道阿修羅道人
□……□■■〔1〕□……□

校記

〔1〕依殘存構件，形近「起」。

按：殘片有「阿修羅道」，而此語前「道」「人」二字，疑為六道之文句，即地獄、畜生、餓鬼、阿修羅、人、天。

10. M1・1400 [F209：W7] 佛經殘頁（第 8 冊，第 1726 頁）

□……□彼我心
□……□■是等罪
□……□重復至誠

按：似為懺悔文。

11. M1・1455 [84H・F197：W52／2255] 佛經殘頁（第 8 冊，第 1763 頁）

〔前缺〕

■□……□

佛子云□……□

■□……□

〔後缺〕

12. M1・1474〔F79：W7〕佛經殘頁（第 8 冊，第 1772 頁）

〔前缺〕

東方宮■〔1〕■■□……□

四門　後內入□……□

□□上■〔2〕□……□

校記

〔1〕僅存「貝」旁，餘缺失。

〔2〕僅存「甬」旁，餘缺失。

13. M1・1475〔F79：W19〕佛經殘頁（第 8 冊，第 1772 頁）

■■□……□

□……□印彼額上□……□

室達慢□……□

□□溺帝室達慢□……□

□□□■■覆□……□

14. M1・1476〔F197：W3〕佛經殘頁（第 8 冊，第 1772 頁）

〔前缺〕

重□……□

〔前缺〕

佛□……□

經□……□

〔前缺〕

苦■□……□

羅□……□

〔前缺〕

□……□■重□……□

□……□足□……□

15. M1·1478 佛經殘頁（第 8 冊，第 1773 頁）

［前缺］

□……□■■■□……□

□……□語金剛中□……□

□……□竟有義金□……□

按：此件應為抄本，編者誤入「印本佛經」。

16. M1·1479［F6：W80］佛經殘頁（第 8 冊，第 1773 頁）

異常□……□

南□……□

17. M1·1480［F14：W12］佛經殘頁（第 8 冊，第 1774 頁）

［前缺］

所說□……□

事善男□……□

《佛說法集經》卷四：

汝等所說妙法集者。則為已作諸佛如來所作之事。善男子我於汝等二人所說法集。《大正藏》第 17 冊，第 633 頁上）

《仁王護國般若波羅蜜多經》卷一〈菩薩行品〉：

如汝所說。得真實義不可思義，唯佛與佛乃知斯事。善男子！此十四忍，諸佛法身、諸菩薩行，不可思議，不可稱量。（《大正藏》第 8 冊，第 838 頁上）

按：由於抄本殘缺嚴重，僅存數字，雖經與《佛說法集經》、《仁王護國般若波羅蜜多經·菩薩行品》比對，依行款，存字尚能與之比配，然因缺漏文字過多，僅憑存字，無法確定為何經。

18. M1·1489［F22：W14］佛教文獻殘頁（第 8 冊，第 1785 頁）

［前缺］

□……□中■新經■□……□

□……□年　小僧□……□

□……□■■底取■□……□

□……□小僧會的是這□……□

［後缺］

19. M1・1490［F1：W8］佛教文獻殘頁（第 8 冊，第 1786 頁）

［前缺］

□……□■合迦□……□

［後缺］

［前缺］

□……□安底□……□

［後缺］

［前缺］

□……□大袖□……□

［後缺］

二、英藏黑水城待定名漢文佛教文獻

1. Or.12380-0181（K.K.）漢文佛經經疏（第 1 冊，第 65 頁）

［前缺］

□……□■■■□……□

□……□照故不假五□……□

□……□■身後■■□……□

［後缺］

按：此號三件，惟圖版中間一件存字可讀，餘二件無法辨識。

2. Or.12380-0320h（K.K.Ⅱ.0285）漢文佛經（第 1 冊，第 122 頁）

［前缺］

■■□……□

認此色□……□

他彼此□……□

順違■□……□

舍■□……□

［後缺］

3. Or.12380-0425（K.K.Ⅱ.0285.a.xxviii）漢文佛經（第 1 冊，第 162 頁）

［前缺］

■■■■〔1〕■〔2〕□……□

供養■□……□

■〔3〕密□……□

［中缺］

請□……□

［後缺］

校記

〔1〕存左部構件「亻」。

〔2〕存左部構件「言」。

〔3〕存右部構件「甬」。

4. Or.12380-0477（K.K.）佛經（漢文）（第 1 冊，第 174 頁）

［前缺］

弥〔彌〕山王

［後缺］

按：須彌山王，佛教經論、注疏多見。

5. Or.12380-0532a（K.K.Ⅱ.0243.w）漢文佛經（第 1 冊，第 198 頁）

［前缺］

□……□方〔1〕曉■■〔2〕金剛右□……□

□……□法亡根本菩提心□……□

□……□毀謗自及并教他□……□

□……□演說幽微■〔3〕交□……□

□……□即付供養而■〔4〕□……□

［後缺］

校記

〔1〕原卷殘，致「方」點缺失。

〔2〕僅存彡旁，右部構件缺失。

〔3〕 ，僅禾旁可辨。

〔4〕 ，難以識別。

6. Or.12380-0532b（K.K.Ⅱ.0243.w）漢文佛經（第 1 冊，第 198 頁）

［前缺］

■■■■■□……□

具〔1〕身赤色光赫□……□

表為真俗之六□……□

■習人處普饒□……□

［後缺］

校記

〔1〕，具之俗寫。〔註 15〕

7. Or.12380-0627（K.K.）陀羅尼（漢文）（第 1 冊，第 229 頁）

［前缺］

□□□□□□阿捺■阿□……□

訶密哩■■銘怛　　　　　　　　吽□……□

唵云引阿扻怛囉莎唭渴囉捺那鉢囉□……□

名怛云引　　　　　　　　　　　吽□……□

唵云引阿扻怛囉■折唧捺薩縛捺■□……□

■■■囉摩■不囉耶□……□

□……□　　　　　　　　　　　吽□……□

［後缺］

按：咒語名不詳。

8. Or.12380-2350（K.K. II .0279.ww）漢文陀羅尼（第 3 冊，第 80 頁）

［前缺］

□……□空■■■■

□……□咒

□……□和摎吽鉢和末

□……□■傺〔1〕你三麻野悉端

□……□■和

校記

〔1〕原卷作，疑「傺」之俗寫。另，原卷作「你傺」，二字間有倒乙符，錄文改之。

〔註 15〕《敦煌俗字譜》，第 18 頁。

9. Or.12380-2370（K.K. Ⅲ.022.d）漢文佛經科文（第 3 冊，第 85 頁）

［前缺］

■■■羅蜜

［後缺］

10. Or.12380-2659（K.K. Ⅱ.0237.b）漢文佛經（第 3 冊，第 187 頁）

公私口舌及病患曾疾欺凌騰〔1〕闕所須

斯導〔2〕障難早消除〔3〕意樂皆圓（緣）起乎〔4〕慈念

智為先道（導）〔5〕當觀察性本空寂相如幻

以此性空相幻心修諸善法常无間

［後缺］

校記

〔1〕「騰」書於「凌」右側，淡墨或色墨書之。

〔2〕 ，據殘構件補入。

〔3〕 ，除。據殘存構件、文意，定作「除」。

〔4〕「乎」書於「起」右側，淡墨或色墨書之。

〔5〕道，導也。《左傳・隱公五年》：「請君釋憾於宋，敝邑為道。」注云：「道同導，嚮道也。」〔註16〕

11. Or.12380-2720RV（K.K.）漢文佛經（第 3 冊，第 208 頁）

［前缺］

□……□心念若善□……□

□……□心歸依佛□……□

□……□

□……□佛所〔1〕□……□

□……□■言□……□

［後缺］

校記

〔1〕原卷二字構件殘損，據筆勢定作「佛所」。

〔註16〕楊伯峻編著：《春秋左傳注》（修訂本）第一冊，北京：中華書局，1990 年，第 47 頁。

12. Or.12380-2723（K.K.）漢文佛經（第 3 冊，第 209 頁）

［前缺］

□……□而為說法□……□

［後缺］

13. Or.12380-2724（K.K.）漢文佛經（第 3 冊，第 209 頁）

［前缺］

□……□圓滿普□……□

□……□■■得□……□

［後缺］

14. Or.12380-2727（K.K.）漢文佛經（第 3 冊，第 210 頁）

［前缺］

□……□■有

□……□量難

□……□■德

［後缺］

15. Or.12380-2737（K.K.）漢文佛經論釋（第 3 冊，第 212 頁）

［前缺］

□……□魯荅達■（魯）花□……□

□……□■■倒死■■昔

□……□扇馬■□……□

□……□

□……□■（白）人節■（令）□……□

［前缺］

按：〈敘錄〉題名作「經疏（漢文）」。漢文佛教文獻中未檢的與之相合的
部份，殘片中有獸、扇馬、節令，疑與農業活動相關的社會文書，然殘文墨色
淡，辨識難，所定文字亦一時未確，所成文句難以貫通，故僅以殘文暫擬定
作「農業文書」。

16. Or.12380-3174a（K.K.）漢文佛經（第 4 冊，第 30 頁）

［前缺］

切以身□……□

然一何■〔1〕□……□

通達■〔2〕□……□

飲蠱□……□

〔後缺〕

校記

〔1〕殘存構件近「米」。米，能構成迷、謎、瞇、咪、醚、脒等。

〔2〕殘存構件似為「入」之上部份。

17. Or.12380-3500（K.K.Ⅱ.0293.a）陀羅尼（漢文、梵文）（第4冊，第200頁）

□嚩囉拏二合一唧哆上阿嚩拏二合一曩悉底二合

怛嚩二合一阿上怛囉二合薩哆鉢哩也二合娑底二合訖囕二合

蹉涅哩二合瑟吒二合你哩嚩二合拏底哩二合野怛嚩二合曩

嚩悉體二合哆上薩囉嚩二合沒馱一鉢囉二合枳孃二合播

囉弭蹉一沫室哩二合底也二合阿耨多囉一

三去藐三沒地麼上鼻糝上沒馱

按：參見《佛頂尊勝陀羅尼》。

18. Or.12380-3541（K.K.Ⅱ.0275.iii）佛經（漢文）（第4冊，第231頁）

〔前缺〕

□……□■奭能〔1〕□……□

□……□門〔2〕　佛性慧明□……□

□……□惡　清淨堅□……□

□……□成　盡勝■□……□

□……□与正　　■吉□……□

〔後缺〕

校記

〔1〕原卷僅存「能」左部。

〔2〕原卷僅存「門」左部。

按：〈敘錄〉未注漢文。非經，佛教文獻，似偈頌。

19. Or.12380-3628（K.K.）漢文佛經（第4冊，第289頁）

〔前缺〕

□……□　□□□□□嚴甲

□……□　□■□□殊勝法

□……□輪　天魔惡人无能近

□……□障不染著　超諸惡趣證菩提

□……□　如再入壇重■■

［後缺］

20. Or.12380-3779.6（K.K.）佛經（漢文）（第 5 冊，第 102 頁）

［前缺］

供□……□

福善■■□……□

世尊甚■□……□

聲聞緣□……□

■竟■□……□

［後缺］

按：從所存文句，暫無法與現存漢文三藏相合。

21. Or.12380-3915.1（K.K.）佛經（漢文）（第 5 冊，第 288 頁）

普□……□

唵■□□……□

［後缺］

［前缺］

子□……□

兒日□……□

遂□……□

［後缺］

［前缺］

■□……□

相■□……□

■□……□

羅□……□

［後缺］

　　〔前缺〕

諸八□……□

■□……□

故■□……□

　　〔後缺〕

　　〔前缺〕

安□……□

人□……□

若□……□

■□……□

　　〔後缺〕

　　〔前缺〕

藘〔1〕□……□

愛〔2〕■□……□

■□……□

　　〔後缺〕

校記

〔1〕![字]，據殘存構件比定作「藘」（籭），「艹」「竹」，行草書二形同，故擬定作

　　藘、籭。

〔2〕![字]，據殘存構件比定作「愛」。

　　按：3915.1（K.K.）共六件殘片。

　　22. Or.12380-3915.4（K.K.）佛經（漢文）（第 5 冊，第 289 頁）

為高■□……□●

　　〔前缺〕　　○

悟□……□

願■□……□

春

　　〔後缺〕

〔前缺〕　○

弟

喫■〔1〕□……□

■〔2〕

如〔3〕

〔後缺〕

校記

〔1〕

〔2〕

〔3〕

〔前缺〕○

万□……□

若□……□

貪□……□

〔後缺〕

〔前缺〕●

消□……□

或□……□

得受□……□

又□……□

〔後缺〕

按：3915.4（K.K.），五件漢文，一件西夏文。

23. Or.12380-3915.5（K.K.）佛經（漢文）（第5冊，第290頁）

〔前缺〕　●

勸■□……□

人□……□

今□……□

〔後缺〕

　　〔前缺〕　　　○

■□……□

憐■□……□

況■□……□

　　〔後缺〕

　　〔前缺〕　　　○

去□……□

緣□……□

■□……□

　　〔後缺〕

　　〔前缺〕　　　●

以□……□

養□……□

■□……□

　　〔後缺〕

　　〔前缺〕　　　●

宣令■車□……□

■〔1〕□……□

■□……□

後■□……□

　　〔後缺〕

反面〔註17〕

　　〔前缺〕

一如□……□

一■□……□

　　〔後缺〕

校記

〔1〕僅存「女」旁，餘構件無法辨識。

　　按：此號第一片所存三個殘構，無法辨識。從書寫行筆、轉承觀之，3915.1（K.K.）與 3915.4（K.K.）、3915.5（K.K.）標注○，似為一人所書，而 3915.4（K.K.）、3915.5（K.K.）標注●，似為另一人所書。此三號，每件殘片存字少則二三字，多則亦不過五字，即便從書風可將三號殘片重新分類，存字無法貫通成文，殊難比對。3915.1（K.K.）殘片存「唵」，道教文獻亦有之，僅據此斷為佛教文獻，似有失當之嫌。

三、俄藏黑水城待定名漢文佛教文獻

1. Дx.2875 刻本佛經（俄敦第 10 冊，第 107 頁）

［前缺］

□■有□□□□□□□□

□道■〔1〕文殊執應反□□□

□如■輪者若有為■□□□

□■〔2〕佛是有為者斷〔斷〕染■□□

□□□獲智德是有為□□□

■此天一晝一夜當此人間□

□■壽命一万〔萬〕六千歲若色■（究）〔3〕

□□□（竟天一）〔4〕万〔萬〕六千大劫若非■（想）〔5〕□

［後缺］

校記

〔1〕僅存「日」旁。

〔2〕僅存「也」，此屬殘字，且其形體稍扁並位於右下角，於殘字結構、形態而言，疑作「阤」（「陀」之異體）。殘字上文有「文殊」二字，其下為「佛」字，故疑「阿彌陀佛」。

〔3〕〔4〕究，殘存構件難以判定，此據文意補入。《立世阿毘曇論》云：「阿迦尼吒天一萬六千大劫是其壽量。」〔註18〕阿迦尼吒，是 Akaniṣṭhā 之音譯，此即色究竟。又，殘文中「此天一晝一夜當此人間」「壽命一万〔萬〕六千歲」，若結

────────────

〔註18〕《佛說立世阿毘曇論》卷七，《大正藏》第 32 冊，第 206 頁下。

合色究竟天的時間計算，可知上闕文當為「他化自在天」，《立世阿毘曇論》云：「人中一千六百年是他化自在天一日一夜，由是日夜三十日為一月，十二月為一年。由此年數，壽命一萬六千年，當人中九萬二千一百六十億年。」〔註19〕

〔5〕從殘存構件，疑為「想」或「相」，而殘文所述色界天與人間時間計算相關，故疑作「想」切合，即非想非非想天。

2. Дx.7221 刻本佛經（俄敦第 13 冊，第 277 頁）

〔前缺〕

■〔1〕■■□□□……□

旦勤恪之■（誠）〔2〕□……□

合洗拂倍增□……□

情速際〔3〕■□□……□

來涉■□□□……□

■■□□□□……□

〔後缺〕

〔前缺〕

□……□■■■■（姪得）〔4〕□……□

〔後缺〕

校記

〔1〕僅存「言」旁。

〔2〕存左側「言」旁及右側上部構件，疑作「誠」。

〔3〕 ，殘片原字從昌（阝）從攵從示，未見於《字書》，疑作「際」。

〔4〕此殘片存四字部分構件，其中上二字存左側構件（「日」「身」），下二字存左側構件（「女」「亻」）及少部分右部構件，於所存構件拼合，疑似為「姪得」。

3. Дx.7898 刻本佛經（俄敦第 13 冊，第 350 頁）

〔前殘〕

願我□……□

載。

〔後缺〕

　　按：此殘片存兩行、三字，「願」「載」位於界欄，「載」下有「。」。經查
檢，實叉難陀譯《大方廣佛華嚴經》卷七十二、般若譯《大方廣佛華嚴經》卷
二十三經文與之相近，經文如次：

　　「作是願言：『今此大王為無量無邊無明眾生作所依處，願我未來亦復如
是。如彼大王所知之法、所載之乘、所修之道、所具色相、所有財產、所攝
眾會，無邊無盡，難勝難壞，願我未來悉得如是。隨所生處，皆隨往生。』」
（實叉難陀譯本）〔註20〕

　　「作是願言：『今此大王能為一切無量無邊、無主無依、無明眾生，成就
救護，利益照明，作所依處，願我未來亦復如是，如彼大王所知之法，所載
之乘，所修之道，所具色相，所攝眾會，無邊無盡，難勝難壞，願我未來悉得
成就。隨彼大王所生之處，願我常得隨彼受生。』」（般若譯本）〔註21〕

　　古代抄經多行 14～17 字，若以抄本行 14 字計，「願我未來亦復如是。如
彼大王所知之法、所載之乘」，此與殘片存字位置與之相合，但抄件「載」下
有「。」，從文意而言，句讀符號在此難以釋讀，故暫不作定名。

　　4. Дх.9218 刻本佛經（俄敦第 14 冊，第 139 頁）

　　〔前缺〕

　　共入佛性海四恩三友〔1〕證菩□……□

　　果〔2〕

　　癸丑年九月十五日八撒主大□……□

　　〔後缺〕

校記

〔1〕友，疑當作「有」。「友」「有」二字音同，《廣韻·有韻》皆作云久切，故疑為
　　音同而借用。三有者，欲有、色有、無色有也。「四恩三有」，常見於佛教祈願
　　文、迴向文，如「報答四恩三有，利樂法界眾生。」

〔2〕上行存「菩」，似可構成「菩提果」一語。

　　按：殘文於藏經中未檢得，從文句而論，似為經文後附迴向文，如《阿彌
陀經義疏聞持記》卷末載：「全帙功德保安，家眷成就吉祥，現生福壽彌高，臨

〔註20〕《大正藏》第 10 冊，第 394 頁中。
〔註21〕《大正藏》第 10 冊，第 768 頁中。

終往生安養，四恩三有、法界冤親，俱出輪迴、同生淨土」。〔註22〕此件文獻上載紀年為癸丑年，以黑水城歷經夏、元兩朝統治時間而論〔註23〕，與之可能對應的年份是1133與1253，又殘文所記八撒主於癸丑年施印，八撒主非夏、漢之姓名，似乃元人之名，如是可否將癸丑年定作1253年，即元世祖中統四年。

5. Дх.9222、Дх.9230 刻本佛經（俄敦第14冊，第140頁）

〔前缺〕

能■（善）〔1〕□□……□

心善■（解）〔2〕□……□

逮得已□……□

善■■□……□

〔後缺〕

〔前缺〕

無■□……□

■■□……□

〔後缺〕

校記

〔1〕殘存構件形近「善」。

〔2〕殘存構件形近「解」。

按：殘片所存字及位置，若按抄本行16字計，此與義淨譯《金光明最勝王經》卷一經文基本相合，經文如次：

「與大苾芻眾九萬八千人，皆是阿羅漢——能善調伏如大象王，諸漏已除，無復煩惱，心善解脫，慧善解脫，所作已畢，捨諸重擔，逮得己利，盡諸有結，得大自在，住清淨戒，善巧方便，智慧莊嚴，證八解脫，已到彼岸。」〔註24〕

〔註22〕《卍續藏經》第33冊，第285頁上。

〔註23〕參見吳天墀《西夏史稿》（增訂本），成都：四川人民出版社，1983年，第306～337頁；〔俄〕比奧特羅夫斯基編《絲路上消失的王國——西夏黑水城的佛教藝術》，許洋主譯，臺北：國立歷史博物館，1997年，第44～45頁；薛正昌：《黑水城：不同歷史時期的地位與影響》，《西夏學》第五輯，上海：上海古籍出版社，2010年，第215～219頁。

〔註24〕《大正藏》第16冊，第403頁上。

「已」「己」抄本混用，殘片第四行「善」下，若比對經文，似與「巧」形近。

6. Дх.9240（見 Дх.9177）刻本佛經（俄敦第 14 冊，第 136 頁）

〔前缺〕

□……□■■（陁）〔1〕■□……□

□……□■上前□……□

□……□切賢■□……□

□……□積　　佛□……□

〔後缺〕

〔前缺〕

□……□佛南□……□

〔後缺〕

校記

〔1〕殘存構件與「陁」。

按：殘片所存字，疑似與臺北「國家圖書館」藏本《佛說佛名經》經文相近，經文如次：

南无蔓陁香佛

南无幢盖佛

南无西北方上前積佛

從此以上六千二百佛十二部尊經一切賢聖。

南无山勝積佛。〔註 25〕

7. Дх.19000 佛典（俄敦第 17 冊，第 313 頁）

以施因故身体廣高大

遠訂如來無見之頂相

唵云云祢弥〔禰彌〕捺匝嘚囉云云莎〔1〕訶

言杵鎮瓶口者由难〔難〕魔故近則（心施杵故）

生生諸魔不侵遠訂降魔断〔斷〕惑

　　　　杵　偈

持金■（剛）〔2〕杵鎮遏勝勢瓶

〔註 25〕CBETA, D02, no. 8680, p. 42a3～6.

如上功德推滅諸魔障

以施因故〔3〕諸魔無敢侵

遠訂無上菩提降魔冤

校記

〔1〕莎，「莎」之俗寫。當為「莎」構件易位所致，「莎」聲旁「沙」，其水旁（「氵」）易位，成為「莎」形旁，如蘸、蘇，飈、飆，皆上俗下正。〔註26〕莎訶，乃svāhā 音寫字。

〔2〕剛，據文意補入。

〔3〕袁，「故」之俗寫。其因如第三行之「莎」，疑為構件易位所致。

按：此件為抄本，存二葉。每葉五行，行 8～12 字。存「杵偈」一首、咒語等。

8. TK220 佛經論釋（俄黑第 4 冊，第 224 頁）

［前缺］

□唯是身業　　　　　　　言哹（聲）〔1〕

□哹（聲）〔2〕假哹（聲）〔3〕□□涅盤（槃）〔4〕者　　住■　　九餘異

□餘依涅槃　無住處〔5〕涅盤（槃）〔6〕（是）〔7〕名四涅盤（槃）〔8〕

□（梵）語涅槃此云圓寂　梵語涅此云不　梵語槃此云生住

□滅　一斷［斷］來　　是名涅盤（槃）〔9〕　　　■■

（何）〔10〕者為四欲流

（有）〔11〕流見流无［無］明流　六度者布施■（住　持戒■住）〔12〕忍辱

■住　精進願住　禪定力住

□忍万［萬］願力智　　六度果□……□

□富貴□……□

校記

〔1〕〔2〕〔3〕哹，聲也。《字匯補·口部》：「哹，音聲，音也。」〔註27〕「哹」「聲」，二字音義同，且「傳聲」是，故此當作「聲」為妥。

〔4〕〔6〕〔8〕〔9〕盤，當作「槃」。「盤」「槃」，二字音同而混用，《廣韻·桓韻》

〔註26〕《干祿字書》，第 19、25 頁。

〔註27〕《字匯補》，《續修四庫全書》第 223 冊，第 483 頁。

皆作薄官切。佛經多見「涅槃」，此梵語 nirvāṇa（P.niābbna, Gān. nivana）之音
　　寫詞。

〔5〕是，原件殘損，難以辨識，今據文意補入。

〔7〕是，原件殘損，難以辨識，今據文意補入。

〔10〕何，據文意補入。何者，為疑問代詞，依此設問「四流」並予以解釋。

〔11〕有，據文意補入。四流者，欲流、有流、見流、無明流。

〔12〕「住　持戒█住」，據文意補入。六度者，布施、持戒、忍辱、精進、禪定、
　　　智慧。又，抄件中六度表述，以「***住」片語形式為之，故據此二者，補入
　　　四字。

　　按：殘片內容涉及涅槃（四涅槃）、四流、六度的注釋，又具「身業」「言
聲」，但未予注釋。業者，身語意三者。《俱舍論》云：「身表業形色為體，語
表業體謂即言聲。」〔註28〕由是可知，「言聲」當為「語業」之注釋。

〔註28〕《阿毘達磨俱舍論》卷十三，《大正藏》第 29 冊，第 68 頁下。

附錄六 黑水城漢文佛教已定名文獻中錄文、校勘異議文獻

1. M3・0012〔ae185 ZHi24〕佛經殘頁（第 8 冊，第 1742 頁）

彭海濤《黑水城所出八件佛經殘片定名及復原》（《西夏學》第八輯，上海：上海古籍出版社，2011 年，第 289～290 頁）中雖已有考證，然其錄文存闕漏，且此中所涉版本未作述及，為如實呈現原卷情形，故今重新錄文，並比對相關文獻而予考證。

〔上殘〕

□……□二一者法二者義所言

□……□丗（世）閒（間）出丗（世）閒（間）〔1〕法依於此

□……□□義訖今取解釋分〔2〕顯〔3〕

□……□□論賢首疏〔4〕云一心者

□……□絕相即真如門二隨緣

□……□品當廣分別今但略證教

□……□□證圓教唯心〔5〕知一切

〔下殘〕

校記

〔1〕世，世。**丗**，見於《魏昭玄沙門大統僧令法師墓誌》（《碑別字新編》），〔註 1〕
　　隸書碑刻中多見此形，如《曹全碑》《韓勑碑》。〔註 2〕

〔註 1〕《碑別字新編》，第 9 頁。
〔註 2〕《隸辨》上，第 538 頁。

閒,《說文解字注》云:「閒者,隙之可尋者也,故曰閒廁,曰閒迭,曰閒隔,曰閒諜。今人分別其音,為古莧切也。《釋詁》《毛傳》,閒,代也。《釋言》曰,閒,倪也。人部曰,倪,見也。厂部曰,庿,石閒,見也。」〔註3〕

〔2〕〔5〕《大正藏》本《大方廣佛華嚴經隨疏演義鈔》作「分中」。此本以增上寺報恩藏本(明崇禎年中刊)為底本,并以津洪岳氏藏本(德川時代刊)、小野玄妙氏藏本(正慶元年刊)為參校本。《大正藏》本依增上寺本保留「中」、「之義」,此與《金藏》〔註4〕《永樂北藏》〔註5〕《嘉興藏》〔註6〕《藏經院》〔註7〕諸本一致,而《洪武南藏》本無此二字。

〔3〕抄本中「顯」用墨塗去。

〔4〕▨,疏。漢《曹全碑》「時疏(▨)勒國王」、《桐柏廟碑》「疏(▨)穢濟遠」見此形,〔註8〕S.388《正名要錄》〔註9〕亦收。疏,《說文》:「從▨,從疋。」〔註10〕《說文・疋部》:「疋,足也。上象腓腸,下從止。」〔註11〕段注本《說文・止部》「足,人之足也。在體下。從口止。」〔註12〕疋、足,雖義同,然形旁不一,而篆書形態卻極為相近,疋(▨),足(▨),故二形極易混同。篆書隸變後,疋、足,雖字形分化差異明顯,然書寫中仍有將此二形混同現象發生,以至書體發展到楷書、草書,仍保有此情況,如草書疏(▨)與

〔註3〕〔漢〕許慎撰、〔清〕段玉裁注《說文解字注》(依經韻樓版影印),上海:上海古籍出版社,1989年,第589頁。

《敦煌俗字典》收「▨」(敦研115《金光明經》),謂「間」之俗體,誤也。(《敦煌俗字典》,第185頁)

〔註4〕《華嚴經隨疏演義鈔》卷九(《趙城金藏》池字號),《中華大藏經》第87冊,北京:中華書局,1994年,第276頁。

〔註5〕《華嚴經隨疏演義鈔》卷十三(《永樂北藏》漢三)第171冊,北京:線裝書局,第600頁。

〔註6〕《華嚴經隨疏演義鈔》卷十三(《嘉興藏》(明版嘉興大藏經)漢三)第5冊,臺北:新文豐出版公司,1987年,第75頁。

〔註7〕《華嚴經隨疏演義鈔》卷十三,《卍正藏經》(藏經院版,漢三)第65冊,臺北:新文豐出版公司,1980年,第703～704頁。

〔註8〕《隸辨》,第75頁。

〔註9〕《敦煌俗字典》,第375頁。

〔註10〕《說文》,第310頁。疏,《說文》未列於「疋部」,而入「厶部」。疋部則收「疋」,「通也,從爻從疋,疋亦聲」。(頁48)段注《說文》云:「與疏音義皆同」。(第85頁)。

〔註11〕《說文解字》,第48頁。

〔註12〕段注《說文解字》,第81頁。大徐本《說文》「足,人之足也。在下。從止口。」(第45頁)

疏（**㳦**）〔註13〕。**㳦**亦見於《金藏》《洪武南藏》《永樂北藏》三本《華嚴經隨疏演義鈔》之「疏」。

唐澄觀《大方廣佛華嚴經隨疏演義鈔》卷十三：

<u>摩訶衍者。總說有二種。云何為二</u>。一者法。二者義。所言<u>法者。謂眾生心是。心即攝一切世間出世間法。依於此心顯示摩訶衍義。此即已明</u>唯心義訖。今取解釋分中。<u>顯心性相真妄交徹。知是終教</u>。案彼<u>論賢首疏云。一心者。即如來藏心。含於二義。一約</u>體絕諸<u>相即真如門。二隨緣起滅即生滅門。此義至</u>問明品。當廣分別。今但略證教<u>體是唯心耳。</u>

<u>疏。梵行品下。即引當經。以證</u>圓教唯心之義。<u>知一切法即心自性。非但</u>相宗<u>心變而已。</u>（《大正藏》第 36 冊，第 94 頁下）

唐澄觀《華嚴經疏鈔玄談》卷七：

<u>云何為二</u>？一者法，二者義。所言<u>法者，謂眾生心，是心即攝一切</u>，世間出世間法，依於<u>此心顯示，摩訶衍義，此即已明</u>。唯心義訖，今取解釋分，<u>顯心性相真妄交徹，知是終教</u>。按彼論《賢首疏》云：一心者，即如來藏心，含於二義。一約體絕相，即真如門；二隨緣起滅，即生滅門。此義至〈問明品〉，當廣分別，今但略證教，<u>體是心耳</u>。〈梵行品〉下，即引當經，以證圓教，唯心知一切<u>法，即心自性，非但心變而已</u>。（《卍續藏》（新文豐版）第 8 冊，第 589 頁中）

抄本與澄觀《華嚴經隨疏演義鈔》、《華嚴經疏鈔玄談》相關文句比對相合，然而，兩文本為同為澄觀所著《華嚴經》注疏，文辭相近部分頗多，僅憑抄本所存文句，難以判定殘片之歸屬，故依此擬定作「《華嚴經隨疏演義鈔》殘片」或「《華嚴經疏鈔玄談》殘片」。

2. M1・1469［F197：W14B］佛經殘頁（第 8 冊，第 1770 頁）

彭海濤《黑水城所出八件佛經殘片定名及復原》（《西夏學》第八輯，上海：上海古籍出版社，2011 年，第 288～289 頁）中雖已有考證，然其錄文存闕漏，為如實呈現原卷情形，故今重新錄文，並比對相關文獻而予考證。

　　［上殘］

〔註13〕《草書大字典》中冊，第 882 頁；《草書大字典》下冊，第 1360 頁。
　　　《干祿字書》僅收「㪍」「疏」，二字通（第 18 頁），未收「疏」，早稻田大學藏本（文化十四年（1917）刊）同顏本。而鳥石萬辰校本《干祿字書》收「疏」「疏」，二字通。（鳥石萬辰校《干祿字書》，寬延二年，龍谷大學藏本）

□……□離□……□

□……□白釋□……□

〔下殘〕

〔上殘〕

□……□法以□……□

□……□除一切□……□

〔下殘〕

〔上殘〕

□……□救拔一□……□

□……□疾病滅除惡□……□

□……□諸善智〔1〕速□……□

□……□益安樂□……□

〔下殘〕

校記

〔1〕方廣錩先生校錄本《佛頂心陀羅尼經》，其校勘記云：「種」，甲本漏，據乙本補。〔註14〕

《佛頂心陀羅尼經》：

一切眾生蒙此威神，悉能離苦解脫。爾時觀世音菩薩重白釋迦牟尼佛言：我今欲為苦惱眾生說消除災厄臨難救苦眾生無礙自在王智印大陀羅尼法，以用救拔一切受苦眾生，除一切疾病，滅除惡業重罪，成就一切諸善種智，速能滿足一切心願，利益安樂一切眾生，煩惱障閉。唯願慈悲，哀愍聽許。〔註15〕

〔註14〕甲、乙二參校本均出自《房山石經‧遼金刻經》（俊—寧）冊，「甲本刻石四條，編號依次為塔下8969號、塔下8959號、塔下8970號與塔下8958號。乙本刻石四條，編號依次為塔下7605號、塔下6847號、塔下7603號、塔下7602號。」（轉錄自方廣錩《寧夏西夏方塔出土漢文佛典敘錄》，方廣錩主編《藏外佛教文獻》第七輯，北京：宗教文化出版社，2000年，第381頁）

〔註15〕《佛頂心陀羅尼經》錄文可參見，方廣錩：《寧夏西夏方塔出土漢文佛典敘錄》，《藏外佛教文獻》第七輯，北京：宗教文化出版社，2000年，第383頁。另，參見《佛頂心觀世音菩薩大陀羅尼經》1078、1080號，《房山石經‧遼金刻經》「俊—寧」冊），中國佛教圖書文物館，1999年，第617～620，623～626頁。《房山石經‧遼金刻經》第二十八冊，北京：華夏出版社，2000年，第617～620，623～626頁。

　　M1・1469［F197：W14B］共有四號，其中一片僅存一字，且只存形旁
「月」，餘三片存數字與十餘字不等。經與《佛頂心陀羅尼經》比對，文句基
本相合，故擬定作「《佛頂心陀羅尼經》殘片」。

　　3. F79：W7（《黑城出土文書（漢文文書卷）》，第 214～215 頁）

　　《中國藏黑水城漢文文獻》第 8 冊（第 1772 頁），亦收錄館藏號 F79：
W7 一件殘片（4.3cm×6.9cm）。該件殘片存三行，僅八字可明確辨識。相同的
館藏號，但所存件數、內容完全相異，不知是何因。

　　吳超《中國藏黑水城漢文文獻所見〈慈悲道場懺法〉考釋》（《赤峰學院
學報（漢文哲學社會科學版）2011 年 8 月，第 29～33 頁》）F79：W7 定名考
釋，然其校勘時不知何故捨校勘精良《大正藏》本，而用乾隆藏本。《大正藏》
本以《高麗藏》本為底本，並以元延祐三年刊本和明萬曆十三年刊增上寺報
恩藏本對勘。本書尚有明《永樂北藏》本、《嘉興藏》本，可用之對勘。今據
《大正藏》本，並輔以《高麗藏》本（再雕本）、明《永樂北藏》本、《嘉興藏》
本用以校勘，以顯版本之流變。

　　第一件

　　　　第七

□……□眾夫至德眇〔1〕漠本無言

□……□經〔2〕道之逯說者理之

□……□理顯理故非言理

□……□理而〔3〕乖善惡殊絕

□……□濫在於初學

□……□學乃合理而忘言

□……□至〔4〕於諸法門未能

□……□其妙見淺故不

□……□身〔5〕行之實難唯聖

□……□難言自不能

校記

〔1〕眇。《高麗藏》本、《嘉興藏》本、《北藏》本、《大正藏》本作「渺」。

〔2〕經。《高麗藏》本、《嘉興藏》本、《北藏》本、《大正藏》本作「詮」。

〔3〕而。《高麗藏》本、《嘉興藏》本、《北藏》本、《大正藏》本作「兩」。

〔4〕至。《嘉興藏》本同。麗藏本、《北藏》本、《大正藏》本作「重」。

〔5〕身。《高麗藏》本、《嘉興藏》本、《北藏》本、《大正藏》本作「易」。

《慈悲道場懺法》卷七：

今日道場同業大眾。夫至德渺漠本無言無說。然言者德之詮道之逕。說者理之階聖之導。所以藉言而理顯。理故非言。理由言彰言不越理。雖言理兩乖善惡殊絕。然影響相符未曾差濫。在於初學。要言以會道。至於無學。乃合理而忘言。自惟凡愚。惛惑障重。於諸法門未能捨言。今識龜故不盡其妙。見淺故不臻其極。然言之且易行之實難。唯聖與聖乃得備舉。今有難言自不能正云何正他。(《大正藏》第 45 冊，第 950 頁中)

第六件

□……□云〔1〕穢濁云何

□……□淨欲使他清

□……□堅固何以勸人

□……□他既生惱何不且

□……□愧余是善知識

□……□整理衣服斂容無對

□……□辭心情漸耐〔2〕自知深

□……□人隱藏〔3〕其失今欲毀

□……□見〔4〕存□復

□……□覆護攝交〔5〕既已有

□……□愧大眾願無觸腦〔6〕若謬〔7〕

□……□法改往修來為善知識

□……□施歡喜不成惡知識。

　　　　　　自慶第十〔8〕

□……□大眾第十二總發

□……□佛第十四為諸仙禮佛

□……□六自慶第十今日〔9〕

□……□至德可憑〔10〕

校記

〔1〕云。《高麗藏》本、《嘉兴藏》本、《北藏》本、《大正藏》本無，衍文。

〔2〕漸耐。《高麗藏》本、《嘉兴藏》本、《北藏》本作「慙惡」。《大正藏》本作「慚惡」。

〔3〕藏。《高麗藏》本、《嘉兴藏》本、《北藏》本、《大正藏》本作「覆」。

〔4〕見。《高麗藏》本、《嘉兴藏》本、《北藏》本、《大正藏》本作「欲」。

〔5〕交。《高麗藏》本、《嘉兴藏》本、《北藏》本、《大正藏》本作「受」。

〔6〕腦。《高麗藏》本、《嘉兴藏》本、《北藏》本、《大正藏》本作「惱」。

〔7〕謬。《高麗藏》本、《嘉兴藏》本、《北藏》本作「微」。《大正藏》本作「謬」，校勘記：甲乙作「微」。

〔8〕十。《嘉兴藏》本、《北藏》本同。《高麗藏》本、《大正藏》本作「一」，校勘記：乙本作「十」。

〔9〕第15～17行，難以與《慈悲道場懺法》文句比對。

〔10〕第18行應在「自慶第十」後。

《慈悲道場懺法》卷七：

今有難言自不能正云何正他。汝〔1〕自三業穢濁。云何勸人清淨。自不清淨。欲使他清淨。無有是處。既不堅固何以勸人。今言行空說便成惱他。他既生惱何不且止。反覆尋省寧不自愧。余是善知識故發此言。於是整理衣服斂容無對。今聞善知識此辭。心情慚惡。自知深過。不敢欺調。聖人隱覆其失。今欲毀除恐脫有人。因此增福。適欲存之。復恐有人生謗。進退迴遑不知所措。且立懺法心既是善。善法無礙但應努力。不得計此。今唯憑世間大慈悲父。覆護攝受既已有其言不容毀滅。正當慚愧。大眾願無觸惱。若謬與理合相與。因此懺法。改往修來為善知識。如其不會眾心。願布施歡喜。不成惡知識。猶為菩提眷屬。

自慶第一　為六道禮佛第二　迴向第三　發願第四　囑累第五

自慶第一（此略申自慶大意其中慶事隨自莊嚴）

今日道場同業大眾。從歸依已來知至德。可憑斷疑。（《大正藏》第45冊，第950頁中）

按：〔1〕《嘉兴藏》本、《北藏》本作「爾」，《高麗藏》本作「汝」。

第七件

□……□道〔1〕續以發心勸獎兼

□……□豈得不人〔2〕踴躍歡喜

□……□云八難一者地獄二者

□……□五者長壽天六者雖

□……□生邪見家八者生在〔3〕

□……□以眾生輪迴生死不

□……□佛而慶事尤〔4〕多凡

□……□非難成難心若無疑

□……□八難云生在佛前或生〔5〕佛

□……□母與佛同在一世共佛俱〔6〕

□……□心疑是難未必異世皆云是

□……□地獄龍聞說法〔7〕便得悟道當

□……□難心苟不善稟報不殊

□……□畜生之賤超登道

□……□故輕難成重心正

□……□今日道場同業大

□……□向成難心能正

□……□舉此一條在處

□……□無非正法

□……□今若正心

□……□疑惑則難成

□……□少大眾日用不知其

□……□亦〔8〕自慶之端〔9〕若

□……□修出世心何

□……□難免相與己

校記

〔1〕道。《高麗藏》本、《嘉興藏》本、《北藏》本、《大正藏》本作「遺」。

〔2〕脫「人」。

〔3〕在。《高麗藏》本、《大正藏》無。《北藏》本、《嘉興藏》本作「於」。《大正藏》
校勘記載：甲本：在+佛；乙本：於+佛。

〔4〕尤。《高麗藏》本同。《嘉興藏》本、《北藏》本作「猶」。《大正藏》本作「光」。
《大正藏》校勘記載：乙本「猶」作「光」。

〔5〕生。《嘉興藏》本、《北藏》本作「生」。《高麗藏》本作「生在」。《大正藏》本
作「在」。《大正藏》校勘記載：乙本「生」作「在」。

〔6〕佛俱。《高麗藏》本、《嘉興藏》本、《北藏》本、《大正藏》本作「佛俱」。《大正藏》校勘記載：甲本無「佛俱」。

〔7〕說法。《高麗藏》本、《嘉興藏》本、《北藏》本、《大正藏》本作「說法」。《大正藏》校勘記載：甲本無「說」。

〔8〕亦。《高麗藏》本、《嘉興藏》本、《北藏》本、《大正藏》本作「示」。

〔9〕《嘉興藏》本、《北藏》本同。《高麗藏》本、《大正藏》本作「大眾若」，《大正藏》校勘記載：「乙本無『大眾』」。

《慈悲道場懺法》卷七：

今日道場同業大眾。從歸依已來知至德。可憑斷疑。懺悔則罪惑俱遣。續以發心勸獎兼行。怨結已解。逍遙無礙。豈得不人人踊躍歡喜。所應自慶今宜其意。經云。八難。一者地獄。二者餓鬼。三者畜生。四者邊地。五者長壽天。六者雖得人身癃殘百疾。七者生邪見家。八者生佛前。或生佛後有此八難。所以眾生輪迴生死。不得出離。我等相與生在如來像法之中。雖不值佛而慶事光多。凡難之為語罪在於心。若心生疑非難成難。心若無疑是難非難。何以知之。第八難云。生在佛前。或在佛後。是名為難。而城東老母。與佛同生一世。共佛俱在一處。而不見佛。故知心疑是難。未必異世。皆云是難。波旬懷惡生陷地獄。龍聞說法便得悟道。當知人天。未必非難。心苟不善稟報不殊。六天之主墜在地獄。畜生之賤超登道場。是則心邪故輕難成重。心正故重難無礙。今日道場同業大眾。以心礙故觸向成難。心能正者則難非難。舉此一條在處可從。故知佛前佛後無非正法。邊地畜生莫非道處。今若正心則無復八難。如其疑惑則難成無量。如是自慶事實不少。大眾日用不知其功。今略陳管見示自慶之端。大眾若能知自慶者則復應須修出世心。何者自慶佛言。地獄難免。相與已得免離此苦。是一自慶。（《大正藏》第 45 冊，第 950 頁下）

第二件

□……□優〔1〕人身是□……□

□……□以〔2〕善根相舉〔3〕清淨

□……□一〔4〕自慶世智辨聰

□……□與一心歸憑正法

□……□前佛後復謂為難

□……□佛又為大難相與

□……□願於未來世誓拔

□……□睹〔5〕如來為難但一

□……□正法自同在□□

□……□滅罪生□……□

校記

〔1〕優。《高麗藏》本、《嘉興藏》本、《北藏》本、《大正藏》本作「獲」。

〔2〕以。《高麗藏》本、《嘉興藏》本、《北藏》本、《大正藏》本作「預」。

〔3〕舉。《高麗藏》本、《嘉興藏》本、《北藏》本、《大正藏》本作「與」。

〔4〕一。《高麗藏》本、《嘉興藏》本、《北藏》本、《大正藏》本作「七」。

〔5〕睹。《高麗藏》本、《嘉興藏》本、《北藏》本、《大正藏》本作「覩」。

《慈悲道場懺法》卷七：

相與已得各獲人身。是六自慶。六根不具不預善根。相與清淨。得深法門。是七自慶。世智辯聰反成為難。相與一心歸憑正法。是八自慶。佛前佛後復謂為難。或云。面不覩佛。又為大難。相與已能發大善願。於未來世誓拔眾生。不以不覩如來為難。但一見色像一聞正法。自同在昔。鹿苑初唱。事貴滅罪生人福業。(《大正藏》第45冊，第951頁上。)

第三件

□……□佛

□……□是九

□……□相與已得

□……□慶佛言出家

□……□親割愛歸向

□……□佛言自利者

□……□今日一絆〔1〕一

□……□

□……□慶畜生難〔2〕

□……□遠離病〔3〕切是

□……□相與已得不受

□……□邊地難不知仁

□……□中國道法流

□……□憂〔4〕生長壽

□……□樹

校記

〔1〕絆。《高麗藏》本、《大正藏》本作「拜」，《嘉興藏》本、《北藏》本作「瞻」。

〔2〕倒文。應在「遠離痛切是」後。

〔3〕病。《高麗藏》本、《嘉興藏》本、《北藏》本、《大正藏》本作「痛」。

〔4〕憂。《高麗藏》本、《嘉興藏》本、《北藏》本、《大正藏》本作「慶」。

　　《慈悲道場懺法》卷七：

　　佛言。見佛為難相與已得。瞻對尊像。是九自慶。佛言。聞法復難。相與已得。飡服甘露。是十自慶。佛言。出家為難相與已得。辭親割愛歸向入道。是十一自慶。佛言。自利者易利他為難。相與今日一拜一禮。普為十方。是十二自慶。（《大正藏》第 45 冊，第 951 頁上）

　　《慈悲道場懺法》卷七：

　　餓鬼難脫相與已得遠離痛切。是二自慶。畜生難捨相與已得不受其報。是三自慶。生在邊地不知仁義。相與已得共住中國。道法流行親承妙典。是四自慶。生長壽天不知植福。相與已得更復樹因。是五自慶。（《大正藏》第 45 冊，第 951 頁上）

　　按：據《慈悲道場懺法》文句，本件第 9～16 行，應在第 1 行之前。

　　第四件

□……□所為

□……□慶佛言讀誦

□……□為難而今見有

□……□慶今日道場同

□……□多無量非復弱

□……□少一欣

□……□擬〔1〕得

□……□盡

□……□〔2〕心同如

□……□乃〔3〕覆護拯接

□……□及三界六道一

　　□……□越生死海道

　　□……□登十地人〔4〕金

校記

〔1〕擬。《高麗藏》本、《嘉興藏》本、《北藏》本、《大正藏》本作「礙」。

〔2〕比對《慈悲道場懺法》卷七〈自慶第一〉文句，「心同如」缺百餘字之多。

〔3〕乃。《高麗藏》本、《嘉興藏》本、《北藏》本、《大正藏》本作「力」。

〔4〕人。《高麗藏》本、《嘉興藏》本、《北藏》本、《大正藏》本作「入」。

　　《慈悲道場懺法》卷七：

　　佛言。捍勞忍苦為難。相與今日各自翹勤有所為作不為自身是十三自慶。佛言。讀誦為難。我今大眾同得讀誦是十四自慶。坐禪為難。而今見有息心定意者。是十五自慶今日道場同業大眾。如是自慶。事多無量。非復弱辭所能宣盡。凡人處世苦多樂少。一欣一喜尚不可諧。況今相與有多無礙得此無礙。皆是十方三寶威力。宜各至心懷憶此恩。等一痛切五體投地。奉為。（《大正藏》第 45 冊，第 951 頁上）

　　《慈悲道場懺法》卷七：

　　願以慈悲心同加攝受。以不可思議神力。覆護拯接。令諸天諸仙一切神王及三界六道一切眾生。從今日去。越生死海到涅槃岸。行願早圓俱登十地。入金剛心成等正覺（一拜）〔1〕。（《大正藏》第 45 冊，第 951 頁中）

　　按：〔1〕「一拜」，《嘉興藏》本、《北藏》本無。

　　第五件

　　□……□痛切五骨〔1〕□……□

　　□……□境人民父母師長上中

　　□……□施檀越善惡知識諸天諸仙

　　□……□聰明正真〔1〕天地虛空主善罰

　　□……□持咒五方龍王龍神八部

　　□……□帝大魔一切魔王閻羅王

　　□……□大神十八□……□

校記

〔1〕骨。《高麗藏》本、《嘉興藏》本、《北藏》本、《大正藏》本作「體」。

〔2〕真。《高麗藏》本、《嘉興藏》本、《北藏》本、《大正藏》本作「直」。

《慈悲道場懺法》卷七：

皆是十方三寶威力。宜各至心懷憶此恩。等一痛切五體投地。奉為。

國王帝主土境人民父母師長。上中下座信施檀越。善惡知識諸天諸仙。護世四王。聰明正直天地虛空。主善罰惡守護持呪。五方龍王龍神八部。諸大魔王五帝大魔。一切魔王。閻羅王泰山府君。五道大神。十八獄主并諸官屬。廣及三界六道。無窮無盡含情抱識。有佛性者。至誠歸依十方盡虛空界一切三寶。（《大正藏》第 45 冊，第 951 頁上）

按：第五件所存殘文，正補第四件「心同如」句前所闕文句。

此號七件除個別字、文句異與《慈悲道場懺法》卷七，餘皆可與之相合。故可擬定作「《慈悲道場懺法》卷七殘片」。另，依據《慈悲道場懺法》卷七文句先後，七件殘片先後如此，第一、六、七、二、三、四、五件。

附錄七　補　遺

筆者於答辯前購得《英藏及俄藏黑水城漢文文獻整理》，此乃 2011 年國家社科基金重大項目「黑水城漢文文獻整理與研究」之研究成果之一。上下二冊，內容詳實，與黑水城文獻圖版使用相得益彰，實乃惠澤學林之佳構。然而，本書並非是對英俄兩國所藏黑水城文獻全面系統地整理，即並未囊括所有英俄所藏黑水城漢文文獻，僅是對部份英藏漢文黑水城文獻，及對混入俄藏敦煌文獻中黑水城文獻予以題解、錄文（大部份）、重定名，及少量的西夏文、藏文文獻。

本書內容恰與筆者論文中英藏、俄藏黑水城漢文佛教文獻定名有部份交集，故認真地翻檢了一遍，其中原題「漢文佛經」之 Or.12380-0505a（K.K.）、Or.12380-2736（k.k.）、Or.12380-3498（k.k.Ⅱ.0282.b.iii）三號題名得以勘定，分別為大方便佛報恩經對治品第三殘片、佛說聖大乘三歸依經之御製發願文殘片、佛說聖大乘三歸依經殘片。〔註 1〕如是，使得筆者論文中漢文黑水城佛教目錄中此三個條目得以修正。

另外，書中部份條目的勘定似有商榷之處，內容繁多，在此僅述數條。

一、馬伯樂所刊佈 K.K.Ⅰ.ii.02（y）、K.K.Ⅱ.0297（cc）、KK.Ⅲ.026（a）、KK.Ⅲ.020（s）、KK.Ⅲ.020（r），原書中分別列於《妙法蓮華經》、《添品妙法蓮華經》標目下，雖未刊佈錄文，但標注有殘片內容與《大正藏》比對的卷冊、頁碼，及是否有異文等。非《英藏及俄藏黑水城漢文文獻整理》所述「但

〔註 1〕孫繼民、宋坤、陳瑞青、杜立暉、郭兆斌編著：《英藏及俄藏黑水城漢文文獻整理》上冊，天津：天津古籍出版社，2015 年，第 17～18，43～44，68 頁。

未釋錄文字，故內容不明」（下冊，第 519 頁）。相同情況，亦可見於馬伯樂所刊《金剛經》、《華嚴經》等文獻。

二、錄文與定名。一者，錄文中文字之辨識，如，Or.12380-3915.8，「他世」，「他」，原卷僅存右部「也」，編著者錄作「已」（上冊，第 127 頁）；Дx.19054，「頂麻䊁」，䊁，乃「粗」之俗寫，編著者米旁，錄作禾旁。二者，定名。如 Or.8212.1242 K.K. Ⅱ. 0244.a.xxiv，原題「印本古籍殘頁」，編著者定名「刻本佛教典籍殘片」（下冊，第 466 頁），實為「華嚴感通靈驗傳記刻本殘片」；Or.8212／1208 [K.K.ii.02z]，原題「殘文」，編著者定名「寫本佛教典籍殘片」（下冊，第 448 頁），實為「廣大發願頌殘片」；等等。

三、館藏號標記失誤。《英藏黑水城文獻》第 5 冊〈敘錄〉載 3831.1 至 3831.6 六號。然而，圖版（第 5 冊，第 144～145 頁）標記錯誤，只標 3831.1、3831.2、3831.3 三號，且題名標記錯誤。圖版（第 144 頁）標 3831.1，應是 3831.1、3831.2；圖版（第 144 頁）標 3831.2，應是 3831.3、3831.4；圖版（第 145 頁）標 3831.3，應是 3831.5、3831.6。而書中未按實際情況重新標記館藏號。（上冊，第 107～113 頁）

四、俄藏敦煌文獻中的黑水城文獻。書中將 Дx.18990-Дx.19092 文獻全部歸入黑水城，並稱「榮新江指出其內容和性質來看應屬於黑水城文書」（下冊，第 879 頁），然榮新江先生原文稱：「Дx.18990-Дx.19092 從內容和性質來看，可能都是黑水城文獻，而且集中放在俄藏敦煌文獻編號的最後，也有助於這樣的看法。」（《〈俄藏敦煌文獻〉中的黑水城文獻》，《辨偽與存真：敦煌學論集》，第 172 頁）榮先生所稱「可能」屬於黑城文獻，而非完全確定。如，書中定為西夏刻本《慈悲道場懺法》殘片 Дx.19016R、Дx.19017、Дx.19038、Дx.19039、Дx.19040、Дx.19041 六號（下冊，第 806、808、828、829、830、831 頁），編著者稱字跡與 TK296 相同（下冊，第 806 頁），然筆者認為 TK296 較之此六號書風更為硬朗，筆鋒明顯，且應為硬毫所書，非為一人書之，況且紙張性質亦未作鑒定，暫不宜判作黑水城文獻。故而，除卻具有明顯標誌文獻，如 Дx.18990 正面《金光明最勝王經》、背面為西夏文文獻，餘之佛教文獻須謹慎處理為妥。

後　記

　　謹將本文獻給我的媽媽、爸爸，以及一切愛我、我愛的人。

　　子夜時分，航船終於進港停泊，一期學術旅程即將停止。七年來，在王師繼如先生耐心、善巧地教導下，使我逐步進入漢文佛教文獻研究領域，感恩無盡、師恩難忘。王師為人正直善良、平易近人，學問紮實嚴謹、精深廣博，為人、為學，乃弟之楷模，尤其經常談及為人為學應以德行為先，令弟終生受益。從論文之選題、撰寫，直至成文，王師總是循循善誘，令學生既自由又嚴格依學術規範撰文，並提出諸多啟發性意見，投入大量的精力。

　　從而立至不惑之年，入寺生活、學修，迄今已九載。若非濟群所長、普仁大和尚之悲心宏願，本人無法以披髮之身求學於研究所。又，普仁大和尚經常地於百忙中詢問撰文進展，並鼓勵安心認真寫作。感謝每一位法師、老師之教授，無此難以慧命增上；感謝每一位扶持道場、研究所發展的居士、義工，無此難以安心學修、撰文。

　　賴中國社會科學院宗教所孫新穎無私地提供《黑城出土漢文遺書敍錄》掃描本，北京網友提供《英藏黑水城文獻》（第3、4冊）電子本，如是方使課題研究順利進行。又，圖書館編目員張利娟幫助錄入《黑水城漢文佛教文獻總目》基礎條目，以省本人不少時間、精力。同時，在撰寫論文期間，黃崑威兄、梁躊繼兄、師兄陶家駿、紀華傳老師、馮國棟老師，及其他諸良師善友時時關心論文之進展，在此一併予以衷心感謝。

　　最末，以「蓋學問之道，求於虛不如求於實，議論褒貶皆虛文也耳。」（王鳴盛《十七史商榷·序》）與諸君共勉之。

樓曉尉

二〇一五年九月於三省齋

附　記

　　佛教文獻學，實屬「地獄之學」，而黑水城、敦煌吐魯番等所出佛教寫本整理、研究更為如是，學習、研究過程中之種種磨煉，恰如佛家修道，須摒棄外緣，殫精竭慮方有所成。若欲入此門者，良師教之有方、自家勤學不輟，二者不可偏廢。又，佛教文獻學實為佛教與世學之交叉學問，為研學之技周備，所學甚廣，舉凡語言、文字、歷史、思想、制度等等皆應修學，習學多門，且融合吸收須假以時日，故學人入道宜早不宜遲。又，廣學多聞僅是基礎，個人精力、能力有限，佛教文獻所涉又以廣博著稱，故研學者必擇適於自己的研究方向予以而奮鬥前行。

　　承蒙恩師王繼如先生推薦，鄙人之文遂有緣出版，此甚為感謝。原文「後記」，本欲刪去，後細想一番，自不必如是，事如鴻泥，僅誌以備遺忘耳。

　　本書在出版之即，修訂涉及數端，於此僅略表一二。此次主要是就原文中語言表述的規範、統一，如字書、韻書之書名表述，錄文、定名的準確、恰當，引文材料出處等諸方面予以校訂，並對研究論著目錄信息予以重審、更新，以茲學人瞭解西夏佛教、黑水城文獻研究之境況。古人云「校書猶掃落葉，隨掃隨有」，修訂文稿亦為如此，雖竭力反覆審查、覆核，若有訛誤，望請方家指呈。

樓曉尉
二〇二一年三月於三省齋